School Terminology

Handbook

English and Spanish

by Barbara Thuro

Published by

Ammie Enterprises
Vista, California

School Terminology

Handbook

English — Spanish

Ammie Enterprises
Post Office Box 2132
Vista, CA 92085-2132

1-800-366-5544
FAX (619) 941-2476

Printed in the United States of America

Library of Congress Card Catalog Number 93-090771
ISBN 0-932825-05-2

Introduction

The **School Terminology Handbook** provides school personnel with words and phrases for all aspects of the educational program. The first half of the book is organized into categories and will be helpful to individuals needing a variety of terminology related to a particular focus. The last half of the book contains the same terminology arranged in alphabetical order, so that if the reader knows the English word he can quickly locate it in the alphabetical listing.

Spanish nouns have gender, either masculine or feminine. Most nouns ending in "o" are masculine and most nouns ending in "a" are feminine. The reader will have to select the ending based on the gender of the noun. For example, "teacher" in Spanish is "maestro" if the teacher is a male, and "maestra" if the teacher is female. Therefore the reader will see the word in the text written "maestro(a)," and will select the correct ending depending on the gender of the teacher. Adjectives and articles also must agree in gender with the noun. For example, "the black book" would be written "el libro negro," and "the white house" would be written "la casa blanca." The reader will need to select the correct gender for the article and adjective depending on the gender of the noun. In the text, the feminine gender is indicated in ( ).

Spanish plurals are usually made by adding "s." These also are indicated in ( ). For example, the reader needing a plural ending for the word "book," would see "el (los) libro(s)" and would select the article (los) and add the (s) to "libro" to form "los libros."

The Spanish language differs from region to region. Where appropriate, several choices of words and phrases are given to provide for these regional variations.

PRONUNCIATION GUIDE

Spanish Vowels .... **English Pronunciation**

a .... "ah" as in father
e (when ending a syllable) .... "eh" as in let
e (when a syllable ends in a consonant) .... "ay" as in say
i .... "ee" as in see
o .... "oh" as in open
u .... "oo" as in moon
u is silent when preceeded by q (que = keh)

Spanish Consonants .... **EnglishPronunciation**

c (followed by a, o, u) .... "k" as in come
c (followed by e, i) .... "s" as in this
g (followed by a, o, u) .... "g" as in get
g (followed by e, i) .... "h" as in hot
h .... silent
j .... "h" as in has
ll (like English y) .... "y" as in yet
ñ .... "ny" as in canyon
qu (followed by e, i) .... "k" as in king
rr .... trilled
v .... "b" as in boy
z .... "s" as in sun
y (is the Spanish word for "and") .... "ee" as in see

Spanish Accents

Most words ending in a consonant, except n or s, are stressed on the last syllable (example: juventud, profesor).

Most words ending in a vowel or n or s have the stress on the next to the last syllable (example: clase, tela, pantalones).

Words not pronounced according to these rules will have an accent mark on the syllable to be stressed (example: lección, triángulo).

Table of Contents

General Educational Terminology

General Terminology--Terminología en General

administration, school .... la administración escolar
county department of education...... el departamento de educación del condado
course of study .... el curso de estudio
curriculum .... el plan de estudios
district master plan .... el plan general del distrito
education .... la educación; la instrucción
education code .... el código de la educación
education, higher .... la enseñanza superior
education, public .... la educación pública
educational program .... el programa educativo
educational system .... el sistema educativo
educator .... el (la) educador(a)
enrollment, student .... la matriculación
illiteracy .... el analfabetismo
instruction .... la instrucción; la enseñanza
school .... la escuela
school district .... el distrito escolar
school calendar .... el calendario escolar
schooling .... la instrucción; la educación; la enseñanza
state department of education .... el departamento estatal de educación

Schools--Escuelas

alternative school .... la escuela alternativa
college .... la universidad
college, community .... el colegio universitario
court school .... la escuela del tribunal de menores; la escuela en la cárcel
elementary school .... la escuela primaria (elemental)
high school .... la escuela secundaria; la preparatoria
junior high school .... la escuela secundaria; la escuela intermedia
kindergarten .... el kínder; el jardín de la infancia; la escuela de párvulos
magnet school .... la escuela de especializaciones
middle school .... la escuela secundaria; la escuela intermedia

parochial school .... la escuela parroquial
preschool .... el pre-kínder; la guardería infantil
private school .... el colegio particular; la escuela particular
public school .... el colegio* público; la escuela pública
school of attendance .... la escuela de asistencia actual
school of residence .... la escuela que corresponde al domicilio
school for science and math .... la escuela de ciencias y matemáticas
school for technology .... la escuela de tecnología
school for the performing arts .... la escuela de artes interpretativas
school for the visual arts .... la escuela de artes visuales
summer school .... la escuela de verano
university .... la universidad
vocational (trade) school .... la escuela vocacional; la escuela de artes y oficios; la escuela de capacitación profesional

* *The Spanish word "colegio" is used in some areas for any school, kindergarten through high school.*

School District Personnel
Personal del Distrito Escolar

administrator, district .... el (la) administrador(a) del distrito
administrator, school .... el (la) administrador(a) escolar
advisor .... el (la) consejero(a)
advisory committee .... el comité asesor
advisory group .... el grupo asesor
aide (teacher's) .... el (la) ayudante del maestro; el (la) asistente del maestro(a)
board of directors .... la junta directiva
cafeteria worker .... el (la) trabajador(a) de la cafetería (de la cocina)
clerk .... el (la) empleado(a) de oficina; el (la) oficinista
coach, athletic .... el (la) entrenador(a) de deportes
coach, drama .... el (la) entrenador(a) de drama
computer technician .... el (la) técnico(a) de computadoras
coordinator, district .... el (la) coordinador(a) del distrito
coordinator, school .... el (la) coordinador(a) escolar

counselor .... **el (la) consejero(a)**
crossing guard .... **el (la) guía en los cruces; el (la) guarda en los cruces**
custodian .... **el (la) portero(a); el (la) técnico(a) de mantenimiento**
dean .... **el (la) decano(a)**
evaluation team .... **el equipo de evaluación**
faculty .... **el profesorado**
gardener .... **el (la) jardinero(a)**
guidance specialist .... **el (la) asesor(a); el (la) especialista de orientación**
instructor .... **el (la) instructor(a)**
interpreter .... **el (la) intérprete**
janitor .... **el (la) portero(a); el (la) técnico(a) de mantenimiento**
language specialist .... **el (la) especialista de lenguaje**
learning assistance specialist .... **el (la) especialista de asistencia en enseñanza**
librarian .... **el (la) bibliotecario(a)**
maintenance worker .... **el (la) técnico de mantenimiento**
music teacher .... **el (la) maestro(a) de música**
nurse .... **el (la) enfermero(a)**
office manager .... **el (la) gerente de la oficina; el (la) director(a) de la oficina**
office worker .... **el (la) oficinista**
personnel, district .... **el personal del distrito**
personnel, school .... **el personal de la escuela**
playground supervisor .... **el (la) supervisor(a) del patio de recreo**
principal .... **el (la) director(a)**
psychologist .... **el (la) psicólogo(a); el (la) sicólogo(a)**
reading specialist .... **el (la) especialista de lectura**
resource specialist .... **el (la) especialista de recursos**
school board .... **la mesa directiva; la junta escolar**
school board member .... **el (la) miembro de la mesa directiva (junta escolar)**
school officials .... **los oficiales escolares; los funcionarios escolares**
secretary .... **el secretario; la secretaria**
specialist .... **el (la) especialista**
speech therapist .... **el (la) terapeuta del habla (del lenguaje); el (la) terapista**

staff .... **el personal**
substitute teacher .... **el (la) maestro(a) sustituto(a); el (la) maestro(a) suplente**
superintendent .... **el (la) superintendente**
supervisor .... **el (la) supervisor(a)**
teacher .... **el (la) maestro(a)**
teacher of a "pull out" class .... **el (la) maestro(a) auxiliar**
translator .... **el (la) traductor(a)**
tutor .... **el (la) maestro(a) particular**
vice principal .... **el (la) vice director(a)**
volunteer .... **el (la) voluntario(a)**
volunteer coordinator .... **el (la) coordinador(a) de voluntarios**

School Facilities--Instalaciones Escolares

auditorium .... **el auditorio**
bathroom .... **el cuarto de baño; el servicio; el baño**
bus stop .... **la parada de bus; la parada de autobús**
cafeteria .... **la cafetería**
campus .... **el campus**
classroom .... **el salón; la clase; el aula de clase; el cuarto**
computer lab .... **el laboratorio de computadoras**
corridor .... **el corredor; el pasillo**
district office .... **la oficina del distrito escolar**
grounds, school .... **el recinto escolar**
gymnasium .... **el gimnasio**
hallway .... **el corredor; el pasillo**
laboratory .... **el laboratorio**
library .... **la biblioteca**
media center .... **el centro de instrumentos de comunicación**
nurse's office .... **la oficina de la enfermera**
office .... **la oficina**
parking lot, faculty .... **el estacionamiento de los maestros; el aparcamiento de los maestros**
playground .... **el patio de recreo**
principal's office .... **la oficina del director (de la directora)**
rest room .... **el cuarto de baño; el servicio; el baño**

school .... la escuela
sports field .... el campo de deportes
vice principal's office .... la oficina del (de la) vice director(a)

The School Year--El Año Escolar

beginning of the school year .... el principio del año escolar
end of the school year .... el fin del año escolar
first day of school .... el primer día de clases
holiday(s) .... el (los) día(s) festivo(s); las vacaciones
intersession classes .... las clases de vacaciones; las clases de intersesión
last day of school .... el último día de clases
parent conference day(s) .... el (los) día(s) de conferencia(s) con los padres
quarter .... un cuarto del año
quarter, first .... el primer cuarto del año
quarter, second .... el segundo cuarto del año
quarter, third .... el tercer cuarto del año
quarter, fourth .... el cuarto final del año; el último cuarto del año
semester .... el semestre
semester, beginning of the first .... el principio del primer semestre
semester, beginning of the second ... el principio del segundo semestre
semester, end of the first .... el final del primer semestre
semester, end of the second .... el final del segundo semestre
summer school .... la escuela de verano
trimester .... el trimestre
trimester, first .... el primer trimestre
trimester, second .... el segundo trimestre
trimester, third .... el tercer trimestre
vacation days .... las días de vacaciones
year-round school .... las clases de año continuo

The School Schedule--El Horario Escolar

bell, opening .... la campana para empezar clases
bell, passing .... la campana para seguir a la próxima clase
bell, tardy .... la campana que indica tardanza
day, extended .... el día extendido
day, minimum .... el día mínimo

detention, after school	**la detención después de horas**
dismissal time, early	**la hora de salida temprana**
dismissal time, regular	**la hora normal de salida**
double session	**el horario doble**
lunch period	**el período del almuerzo; el período de la comida del mediodía**
period(s)	**el (los) período(s)**
recess	**el recreo**
Saturday school	**la escuela de los sábados**
school hours	**las horas de la escuela**
school office hours	**las horas de la oficina escolar; las horas hábiles de la oficina escolar**

School Subjects--Las Asignaturas

algebra	**el algebra**
arithmetic	**la aritmética**
art	**el arte**
biology	**la biología**
botany	**la botánica**
computer science	**la ciencia de las computadoras; los estudios de computadoras**
current events	**las temas de actualidad**
English as a Second Language (ESL)	**el inglés como segundo idioma**
family life instruction	**la instrucción sobre la vida familiar**
foreign language	**la lengua extranjera**
Chinese	**el chino**
French	**el francés**
German	**el alemán**
Italian	**el italiano**
Japanese	**el japonés**
Latin	**el latín**
Russian	**el ruso**
Spanish	**el español**
geography	**la geografía**
geometry	**la geometría**
health	**la salud; la sanidad**
history	**la historia**
American	**la historia americana; la historia de América**

Mexican-American	la historia mexicoamericanos
world	la historia del mundo
language arts	las letras
creative writing	la redacción creativa; la clase de composición
English	el inglés
handwriting	la escritura a mano; la caligrafía
handwriting, cursive	la letra manuscrita; la caligrafía
oral language	el lenguaje oral
phonics	la fonética
reading	la lectura
speech	la oratoria
spelling	la ortografía
written language	el lenguaje escrito
mathematics	las matemáticas
music	la música
physical education	la educación física
science (natural)	la ciencia (natural); las ciencias (naturales)
sex education	la educación sexual
social science	la ciencia social
subject matter	la(s) asignatura(s)
technology	la tecnología

Special Programs and Services
Programas y Servicios Especiales

Alternative School Program	El Programa Alternativo Escolar
Bilingual Education	La Educación Bilingüe
Blind/Visually Impaired	Los Ciegos o Impedidos Visuales; Los Minusválidos Visuales
Categorical Programs	Los Programas Categóricos
Child Care Program	El Programa de Cuidado de Niños
Continuation School	La Escuela de Continuación
Court School	La Escuela en el Cárcel; La Escuela del Tribunal de Menores
Deaf or Hard of Hearing	Los Sordos o con Problemas de Audición
Educationally Retarded	Educativamente Retardado(a)
English as a Second Language (ESL)	Inglés como Segundo Idioma
Gifted and Talented Education	Educación para Dotados y Talentosos

Honors Program .... **Programa de Honores**
Learning Assistance Program .... **Programa de Asistencia de Aprendizaje**
Learning Handicapped .... **Impedimento de Aprendizaje; Impedido de Aprendizaje**
Migrant Education .... **Educación para Migrantes**
Opportunity School .... **Escuela de Oportunidad**
Outdoor Education Program .... **El Programa Educativo al Aire Libre**
Preschool Program .... **Pre-kínder; Guardería**
Pupil Personnel Services .... **Servicios de Personal a Alumnos**
Severe Disorders of Language .... **Irregularidades Severas del Habla**
Severely Emotionally Disturbed .... **Perturbación Emocional Severa**
Special Day Class .... **Clase Especial Durante el Día**
Special Education .... **Educación Especial**
Specialized Curriculum .... **El Currículo Especializado**
Speech or Language Impaired .... **Impedimento del Habla o Lenguaje; Impedido del Habla o Lenguaje**
Speech Therapy .... **Terapia del Habla**
Trainable Mentally Retarded .... **Retardado(a) Mental Entrenable**
Vocational Education .... **Educación Vocacional; Capacitación Profesional**

Student Names--Nombres para los Alumnos

boy(s) .... **niño(s); chico(s); muchacho(s)**
elementary school student .... **alumno(a) de primaria**
eighth grader .... **alumno(a) del octavo año (grado)**
fifth grader .... **alumno(a) del quinto año (grado)**
first grader .... **alumno(a) del primer año (grado)**
fourth grader .... **alumno(a) del cuarto año (grado)**
freshman .... **estudiante de primer año de secundaria**
girl(s) .... **niña(s); chica(s); muchacha(s)**
junior .... **estudiante de tercer año de secundaria**
kindergartner .... **niño(a) de kínder; niño(a) de párvulo**
preschooler .... **niño(a) de edad preescolar niño(a) de edad párvulo**
school-age child .... **niño(a) de edad escolar**
second grader .... **alumno(a) del segundo año (grado)**
secondary school student .... **alumno(a) de secundaria**

senior .... **estudiante de cuarto año de secundaria**
seventh grader .... **alumno(a) del séptimo año (grado)**
sixth grader .... **alumno(a) del sexto año (grado)**
sophomore .... **estudiante de segundo año de secundaria**
student .... **estudiante; alumno(a)**
student body .... **el estudiantado**
third grader .... **alumno(a) del tercer año (grado)**

The School Office and Administration

Office Terminology--Terminología de la Oficina

agency .... **la agencia**
appointment .... **la cita**
approval (written) .... **la aprobación (por escrito)**
assignment (class, track) .... **el horario (de clase, del año continuo); la asignación (de clase, del año continuo)**
attendance, dates of .... **las fechas de asistencia**
baby-sitter .... **la niñera; la persona que cuida a los niños**
care, child .... **el dar cuido a niños; el cuidar a los niños**
care, temporary .... **el cuido temporal**
certificate .... **el certificado**
citizenship (behavior) .... **el comportamiento**
classroom .... **el salón; la clase; el aula; el cuarto**
computer system .... **el sistema de computadoras**
conference .... **la conferencia; la consulta**
confidential .... **confidencial**
corporal punishment .... **el castigo físico; el castigo corporal**
date .... **la fecha**
disaster (natural) .... **el desastre (natural)**
disaster preparedness .... **la preparación para el desastre**
dismissal .... **la salida; la despedida**
dismissal procedures .... **las procedimientos de salida**
dismissal time .... **la hora de salida**
document .... **el documento**
education code .... **el código de la educación**
eligibility .... **la elegibilidad**
emergency .... **la emergencia**
English classes for adults .... **las clases de inglés para adultos**
English-speaking .... **el (la) angloparlante**
ethnic balance .... **el balance étnico**
evaluation .... **la evaluación**
federal funds .... **los fondos federales**
federal regulations .... **los reglamentos federales**
file (cum record) .... **el registro; el expediente**
financial aid .... **la ayuda económica**
form .... **el formulario; el impreso**
fund-raiser .... **la actividad para recaudar fondos**
girl .... **la niña; la muchacha; la chica**
grade .... **el grado, el año de estudios**

guardian, legal .... **el guardián legal**
institution .... **la institución**
interdistrict transfer .... **el traslado entre distritos**
interdistrict attendance permit .... **el permiso de asistencia entre distritos**
interpreter .... **el (la) intérprete**
intradistrict transfer .... **el traslado dentro del distrito**
intradistrict attendance permit .... **el permiso de asistencia dentro del distrito**
law (state, federal) .... **la ley (del estado, federal)**

lost and found .... **artículos perdidos y encontrados**
lunch (free, reduced price) .... **la comida (gratis, a precio reducido)**
meeting .... **la junta; la reunión**
migrant worker .... **el trabajador migratorio**
minimum day schedule .... **el horario de día reducido**
office, school .... **la oficina escolar**
officially .... **oficialmente**
orientation day .... **el día de orientación**
parent(s) .... **el (los) padre(s)**
permission, written .... **el permiso por escrito; la autorización escrita**
permit .... **el permiso; la autorización**
placement, academic .... **la colocación académica**
policy .... **la política; las reglas**
problem .... **el problema**
procedure .... **la tramitación**
question(s) .... **la (las) pregunta(s)**
report .... **el informe**
report, psychological .... **el informe psicológico**
report, written .... **el reporte escrito**
request .... **la solicitud**
requirement(s) .... **el requisito; los requisitos**
restriction .... **la limitación**
retention .... **la retención**
rights .... **los derechos**
rights, notification of .... **la notificación de derechos**
rights, parental .... **los derechos de los padres**
room .... **la clase; el cuarto; el salón; el aula de clase**
room number .... **el número del cuarto**
rules .... **las reglas**
schedule .... **el horario**

schedule change .... **el cambio del horario**
school actually attending .... **la escuela de asistencia actual**
school of residence .... **la escuela de residencia; la escuela que corresponde al domicilio**
school property .... **la propiedad de la escuela**
sex .... **el sexo**
space .... **el espacio**
Spanish-speaking .... **el (la) hispanoparlante**
special education .... **la educación especial**
state .... **el estado**
teacher, homeroom .... **el (la) maestro(a) del salón principal**
title (position) .... **el título; la posición**
track .... **el horario del año completo**
transfer .... **el traslado; el cambio**
truant .... **ausente sin permiso**
tuition, school .... **la matrícula académica**
verification .... **la verificación**

Registration Terminology
La Terminología de la Matriculación

address .... **la dirección, el domicilio**
adopted .... **adoptado(a)**
age .... **la edad**
aid, financial .... **la ayuda económica**
application form .... **la solicitud; el impreso de solicitud**
application (to enroll) .... **la solicitud (para matricularse)**
assessment, preliminary .... **el examen preliminar**
attendance, previous school .... **la asistencia escolar previa**
baptism certificate .... **el certificado de bautismo**
birth certificate .... **el certificado de nacimiento**
birth date (month, day, year) .... **la fecha de nacimiento (el mes, día, año)**
birthplace .... **el lugar de nacimiento**
blanks .... **los espacios en blanco**
boy .... **el niño; el muchacho; el chico**
boundaries (school, district) .... **los límites (de la escuela, del distrito)**
child, minor .... **el (la) niño(a) menor de edad; el (la) menor de edad**
citizen .... **el (la) ciudadano(a)**
city .... **la ciudad**

class (morning, afternoon) .... la clase (por la mañana, por la tarde)
custody, legal .... la custodia legal
date, effective .... la fecha en que entra en vigor
date entering .... la fecha de entrada
date leaving .... la fecha de salida
document .... el documento
driver's license .... la licencia de manejar; la licencia de conducir
emergency card .... la tarjeta de emergencia
emergency form .... el impreso de emergencia
emergency information .... la información para en caso de emergencia
employer .... el (la) empresario(a); el (la) empleador(a); el (la) patrón (patrona); el (la) jefe
enrolled, currently .... actualmente matriculado(a)
enrollment .... la matriculación
enrollment form .... el impreso de matrícula
enrollment information .... la información sobre la matriculación
form, application .... la solicitud
guardian .... el (la) tutor(a); el (la) encargado(a)
guardianship .... la responsabilidad de tutor(a)
immigrant .... el (la) inmigrante
health examination form .... el formulario de examen médico; el formulario de reconocimiento médico
home language survey .... la encuesta sobre el idioma hablado en casa
immunization dates .... las fechas de vacunación
immunization record, official .... el libro oficial de registro de vacuna
information, confidential .... la información confidencial
information, exchange of .... el intercambio de información
information, release of .... la cesión de información
language, home .... el idioma (la lengua) hablado(a) en casa
name, first .... el nombre de pila
name(s), last .... el (los) apellido(s)
name, middle .... el segundo nombre
name, student's .... el nombre del alumno (de la alumna)

nationality .... **la nacionalidad**
naturalized citizen .... **el (la) ciudadano(a) naturalizado(a)**
nickname .... **el apodo**
non-English-speaking .... **de habla no inglesa**
occupation .... **la ocupación**
passport .... **el pasaporte**
physical exam .... **el examen físico**
place of birth .... **el lugar de nacimiento**
place of employment .... **el lugar de empleo**
placement .... **la colocación**
proof, legal .... **la prueba oficial**
proof of residence .... **la prueba de residencia**
record, immunization .... **el comprobante de inmunización (vacunas)**
records .... **los datos; las fichas**
records (incomplete, complete) .... **los archivos (incompletos, completos)**
registration .... **la matrícula**
registration card .... **la tarjeta de matriculación**
relationship to student .... **el parentesco con el estudiante**
residence .... **la residencia**
residence, area of .... **el área en que reside(n)**
residence, change of .... **el cambio de residencia**
residence, proof of .... **la prueba de residencia**
residence requirements .... **los requisitos de residencia**
residency statement .... **la declaración de residencia**
resident, legal .... **el residente legal**
signature .... **la firma**
social security number .... **el número de la seguridad social**
telephone, emergency number .... **el número de teléfono para emergencias**
telephone (home, work) .... **el teléfono (del empleo, de la casa)**
verification of residence .... **la verificación de residencia**
verification of vaccinations .... **el certificado de vacunas**
visa .... **la visa**
zip code .... **el código postal; la zona postal**

District Policies and Procedures
Los Procedimientos y Normas del Distrito

access .... **el acceso**
agency .... **la agencia**
annual notification .... **el aviso anual**

approval, parental .... **la aprobación de los padres**
attendance policy .... **las reglas de asistencia a la escuela**
authorities, civil .... **las autoridades civiles**
board policy .... **las normas de la mesa directiva**
campus, clean and orderly .... **el campus limpio y ordenado**
child, minor .... **el (la) niño(a) menor de edad**
class size .... **el tamaño de la clase**
compliance .... **el cumplimiento; la conformidad**
compliance, to be in .... **estar en cumplimiento; estar en conformidad**
compliance, to be out of .... **no estar en cumplimiento; no estar en conformidad**
comply with, to .... **cumplir con; acatar**
consent of the parent .... **el consentimiento de los padres**
consent to participate .... **el consentimiento de participar**
corporal punishment .... **el castigo físico; el castigo corporal**
documentation, necessary .... **la documentación necesaria**
eligible students .... **los estudiantes elegibles**
exclusion from attendance .... **la exclusión de asistencia**
expulsion .... **la expulsión**
federal and state laws .... **las leyes federales y estatales**
financially liable .... **la responsabilidad financiera; la responsabilidad económica**
guidelines .... **las directrices; las pautas**
law, federal .... **la ley federal**
law, state .... **la ley estatal**
noncompliance .... **el no cumplimiento**
nondiscrimination policy .... **la norma de no discriminar**
notification, official .... **la notificación oficial**
notification, written .... **el aviso por escrito**
permission, written parental .... **el permiso escrito del padre (de los padres)**
policy (board, district) .... **las normas (de la mesa directiva, del distrito)**
procedure(s) .... **el (los) procedimiento(s); el (los) trámite(s)**
public education .... **la educación pública**
reason, authorized .... **la razón autorizada**
regulations (district, state, federal) .... **las regulaciones (del distrito, del estado, federal)**
request, written .... **la petición escrita**
request, parental written .... **la petición por escrito del padre (de los padres)**

retention policy .... **las normas de retención**
rights and responsibilities,
parental .... **los derechos y responsabilidades de los padres**
rights, legal .... **los derechos legales**
rules of student conduct .... **las reglas del comportamiento estudiantil**
standards .... **los criterios**
state regulations .... **las normas estatales**
suspension .... **la suspensión**
tardiness policy .... **las reglas de puntualidad**
violation, to be in .... **estar en violación**

Absences--Ausencias

absence .... **la ausencia**
absences, excessive .... **las ausencias excesivas**
absence verification .... **la verificación de ausencias**
absent, to be .... **estar ausente**
attendance, daily .... **la asistencia diaria**
attendance, perfect .... **la asistencia perfecta; el no haber nunca estado ausente**
ill .... **enfermo(a)**
ill, to be .... **estar enfermo(a)**
medical appointment .... **una cita con el médico**
out of town .... **fuera de la ciudad**
reasons, other .... **otras razones**
school attendance, regular .... **la asistencia escolar regular**
school attendance, irregular .... **la asistencia escolar irregular**

Tardiness--La Tardanza

arrive on time, to .... **llegar a tiempo**
late, to be .... **llegar tarde**
makeup requirements .... **el trabajo requerido para compensar por la tarea no hecha**
note, tardy .... **una nota de tardanza**
on time .... **a tiempo**
punctuality .... **la puntualidad**
tardiness .... **la tardanza; el llegar tarde a clase**
tardiness, excused .... **la tardanza con excusa aceptable**
tardiness policy .... **las reglas de puntualidad**
tardiness, unexcused .... **la tardanza sin excusa**

The Family and Extended Family Members
Los Padres y Demás Familiares o Parientes

adopted child .... **un(a) niño(a) adoptado(a)**
adoptive parents .... **los padres adoptivos**
aunt .... **la tía**
baby .... **el (la) bebé**
brother .... **el hermano**
child (anyone's) .... **el niño; la niña**
child (of a particular person) .... **el hijo; la hija**
cousin .... **el primo; la prima**
daughter .... **la hija**
daughter-in-law .... **la nuera**
father (used by adults--formal) .... **el padre**
father (used by children
and adults) .... **el papá**
father-in-law .... **el suegro**
foster child .... **el niño adoptado temporalmente; el niño en tutela temporal**
foster parents .... **los tutores temporales**
friend(s) .... **el (los) amigo(s); la(s) amiga(s)**
godfather .... **el padrino**
godmother .... **la madrina**
granddaughter .... **la nieta**
grandfather .... **el abuelo**
grandmother .... **la abuela**
grandson .... **el nieto**
husband .... **el esposo; el marido**
mother (used by adults--formal) .... **la madre**
mother (used by children
and adults) .... **la mamá**
mother-in-law .... **la suegra**
neighbor(s) .... **el vecino; los vecinos**
nephew .... **el sobrino**
niece .... **la sobrina**
parents .... **los padres**
relative(s) .... **el (la) pariente; los parientes; el (los) familiar(es)**
sister .... **la hermana**
son .... **el hijo**
son-in-law .... **el yerno**
stepdaughter .... **la hijastra**
stepson .... **el hijastro**

uncle .... **el tío**
ward .... **el (la) niño(a) bajo la tutela de un tribunal**
wife .... **la señora; la esposa; la mujer**

Verbs Commonly Used in the School Office
Los Verbos de Uso Util en la Oficina de la Escuela

answer .... **contestar**
buy .... **comprar**
call .... **llamar**
check .... **revisar**
check over .... **repasar**
communicate .... **comunicar**
complete .... **completar**
cooperate .... **cooperar**
deliver .... **entregar**
eligible, to be .... **ser elegible; tener elegibilidad**
enroll .... **inscribir; matricular**
excused, to be .... **ser excusado(a)**
explain .... **explicar**
fill .... **llenar; completar; rellenar**
give .... **dar**
inspect .... **inspeccionar**
notify .... **notificar; avisar**
obtain .... **obtener**
provide .... **proveer**
qualify .... **calificar; cumplir con los requisitos; habilitar**
receive .... **recibir**
register .... **inscribir(se); registrar(se); matricular(se)**
report .... **informar; notificar; reportar**
return .... **devolver; regresar**
review .... **revisar; repasar**
serve .... **servir**
sign .... **firmar**
sign a child out .... **firmar para poder recoger a un niño**
specify .... **especificar**
transfer .... **transferir**
translate .... **traducir**
use .... **usar**
verify .... **verificar**

The Classroom and Instructional Terminology

Parts of the Classroom--Las Partes de la Clase

bulletin board .... **el tablón de anuncios**
cabinets .... **los gabinetes**
chalkboard .... **el pizarrón; la pizarra**
classroom .... **el salón; el aula; la clase; el cuarto**
clock .... **el reloj**
curtains .... **las cortinas**
door .... **la puerta**
floor .... **el suelo**
learning center .... **el centro de aprendizaje**
light switch .... **el interruptor de la luz**
listening center .... **el centro para escuchar**
outlet .... **el enchufe**
rug .... **la alfombra; el tapete**
sink .... **el lavabo; el lavamanos**
storage room .... **el almacén; el depósito**
thermostat .... **el termostato**
transom .... **el travesaño; el dintel**
wall .... **la pared**
window .... **la ventana**

Classroom Equipment--El Equipo para la Clase

bookcase .... **el librero; el estante para libros; la estantería**
bookshelf .... **la repisa**
camcorder .... **la cámara tomavistas de video**
chair .... **la silla**
computer .... **la computadora; el ordenador**
desk .... **el escritorio; el pupitre**
drawer .... **el cajón**
earphones .... **los audífonos**
easel .... **el caballete**
equipment .... **el equipo**
file cabinet .... **el archivo; el archivador**
flag .... **la bandera**
globe (world) .... **el globo (terráqueo); la esfera (terrestre)**
headphone .... **el audífono**
map .... **el mapa**
paper cutter .... **el cortapapeles**

pencil sharpener .... **el sacapuntas**
picture .... **el retrato**
plug (electric) .... **el enchufe**
projector .... **el proyector**
record player .... **el tocadiscos**
rug (mat) .... **el tapete; la alfombra**
screen .... **la pantalla**
table .... **la mesa**
tape recorder .... **la grabadora**
trash can .... **el basurero; el bote para la basura; la basura**
VCR .... **la grabadora de video**
wastebasket .... **el cesto de la basura**

Student Materials and Supplies
Materiales y Artículos para los Estudiantes

audio book .... **el libro en audio**
backpack .... **la mochila**
beads .... **las cuentas**
bell .... **la campana; la campanilla**
blocks .... **los bloques**
book .... **el libro**
book, coloring .... **el cuaderno de dibujos**
brush .... **la brocha; el pincel**
chalk .... **la tiza; el gis**
checkers .... **las damas**
chess .... **el ajedrez**
Chinese checkers .... **las damas chinas**
clay .... **la arcilla; la plastilina**
crayons .... **las crayolas; el crayón**
doll .... **la muñeca**
drums .... **los tambores**
educational materials .... **los materiales educativos**
envelope .... **el sobre**
eraser .... **el borrador; la goma de borrar**
flash cards .... **las tarjetas; las cartas**
folder .... **la carpeta**
folder, manilla .... **la carpeta de manila**
game .... **el juego**
geometry set .... **el juego de geometría**
glue .... **la cola de pegar; la goma de pegar**
hanger .... **el colgador; el gancho para ropa; el perchero**

jar .... **el tarro; el frasco**
musical instrument(s) .... **el (los) instrumento(s) musical(es)**
notebook .... **el cuaderno; la libreta; el librito**
notebook, with graph paper .... **el cuaderno cuadriculado**
paints .... **las pinturas**
paints (water colors) .... **las acuarelas**
paper .... **el papel**
paper, blotting .... **el papel secante**
paper clips .... **los sujetapapeles; los clips**
paper, crepe .... **el papel de crepe**
paper, double lined .... **el papel doble rayado**
paper, lined .... **el papel rayado**
paper, onion .... **el papel de cebolla**
paper, tissue .... **el papel de seda**
paste .... **la goma de pegar**
paste (white) .... **el engrudo**
pen .... **la pluma**
pen, ball point .... **el bolígrafo**
pen, marking .... **el marcador**
pens, colored felt tip .... **los plumones de colores**
pencil .... **el lápiz**
pencil, box of colored .... **la caja de lápices de colores**
pencil, colored .... **el lápiz de color**
pencil, mechanical .... **el lapicero**
pins .... **los alfileres**
puppets .... **los títeres**
puzzle .... **el rompecabezas**
puzzle, crossword .... **el crucigrama**
puzzle, jigsaw .... **el rompecabezas**
ruler .... **la regla**
school supplies .... **los útiles escolares**
scissors .... **las tijeras**
scotch tape .... **la cinta adhesiva**
sponge .... **la esponja**
stapler .... **la grapadora**
staples .... **las grapas**
textbook .... **el libro de texto**
whistle .... **el pito, el silbato**
workbook .... **el libro de ejercicios; el libro de actividades; el libro de tarea**
worksheets .... **las hojas de trabajo**
yarn .... **la lana**

Computer Terminology
La Terminología para las Computadoras

computer .... **la computadora; el ordenador**
computer assisted instruction .... **la instrucción asistida por computadora; la instrucción asistida por ordenador**
computer operator .... **el (la) operador(a) de computadoras**
computer system .... **el sistema de computadoras**
directory .... **el directorio**
document .... **el documento**
file .... **la ficha**
key .... **la tecla**
keystroke .... **la depresión del teclado**
hardware .... **el equipo físico de la computadora**
mouse .... **el ratón electrónico**
network .... **la red electrónica**
software .... **los programas para computadoras**

General Classroom Terminology
Terminología Común Para la Clase

ability, intellectual .... **la habilidad intelectual**
ability to learn .... **la habilidad de aprender**
academic department .... **el departamento académico**
achievement, academic .... **el logro académico**
activities, enrichment .... **las actividades de enriquecimiento**
adequate .... **suficiente; adecuado(a)**
age, chronological .... **la edad cronológica**
age, mental .... **la edad mental**
alphabet .... **el alfabeto; el abecedario**
analysis .... **el análisis**
answer .... **la respuesta**
answer key .... **la clave**
artwork .... **los dibujos**
assignment .... **la lección; la tarea**
attendance card .... **la tarjeta de asistencia**
behavior .... **la conducta; el comportamiento**
colors .... **los colores**
comprehension .... **la comprensión**
consequence .... **la consecuencia**

course of study .... **el curso de estudios; las asignaturas**
curriculum guide .... **la guía del curso de estudios**
date .... **la fecha**
deportment .... **la conducta; el comportamiento**
detail .... **el detalle**
difficult .... **difícil**
diploma .... **el diploma**
discipline .... **la disciplina**
educational .... **educativo(a); educacional**
effective .... **eficaz**
encouragement .... **el ánimo; el aliento**
error .... **el error**
examination .... **el examen; la prueba**
grade level .... **el nivel del grado**
grouping, heterogeneous .... **el agrupamiento heterogéneo**
grouping, homogeneous .... **el agrupamiento homogéneo**
guide .... **la guía**
homework .... **la tarea; la lección**
illustration .... **la ilustración**
improvement .... **mejoramiento**
incomplete .... **incompleto(a)**
instruction, basic .... **la instrucción básica**
instruction, computer assisted .... **la instrucción asistida por computadora; la instrucción asistida por ordenador**
instruction, individual .... **la instrucción individual**
intelligence .... **la inteligencia**
intelligence quotient .... **el cociente intelectual**
interest .... **el interés**
language .... **el idioma; la lengua**
learning .... **el aprendizaje**
lesson .... **la lección**
letter (initial) .... **la letra (inicial)**
mastery .... **el dominio**
materials, instructional .... **los materiales educativos**
meaning .... **el sentido; el significado**
meeting(s) .... **la(s) entrevista(s); la(s) cita(s)**
meeting(s) (large groups) .... **la(s) reunión(es)**
memory .... **la memoria**
memory, auditory .... **la memoria auditiva**
methodology .... **la metodología**
minimal .... **mínimo**
name .... **el nombre**

note .... **la nota**
outgrow .... **perder con la edad**
page (in a book) .... **la página**
paper (sheet of) .... **la hoja de papel**
participation .... **la participación**
patience .... **la paciencia**
perception .... **la percepción**
personality .... **la personalidad**
phrase .... **la frase**
potential .... **el potencial; la capacidad**
practice .... **la práctica**
praise .... **la alabanza; el elogio**
preparation, academic .... **la preparación académica**
procedure .... **el procedimiento**
project .... **el proyecto**
pronunciation .... **la pronunciación**
purpose .... **el propósito**
question(s) .... **la(s) pregunta(s)**
questionnaire .... **el cuestionario**
reader (book) .... **el libro de lectura**
reading level .... **el nivel de lectura**
reading (school subject) .... **la lectura**
recall .... **el recuerdo**
report .... **el informe; el reporte**
responsible for .... **responsable por**
result(s) .... **el (los) resultado(s)**
satisfactory .... **satisfactorio(a)**
self-image, negative .... **el concepto negativo de sí mismo**
self-image, positive .... **el concepto positivo de sí mismo**
sentence .... **la oración; la frase**
similar .... **similar**
skills, basic .... **las habilidades básicas**
solution .... **la solución**
sound(s) .... **el (los) sonido(s)**
speech .... **el habla**
story .... **el cuento**
strengths .... **las habilidades**
talk .... **la plática; la charla**
temperament .... **la disposición; el temperamento**
test .... **el examen; la prueba**
test results .... **los resultados de los exámenes**
test, standardized .... **el examen estandarizado**
thinking, creative .... **el (los) pensamiento(s) creativo(s)**
thinking, critical .... **el (los) pensamiento(s) crítico(s)**

ticket .... **el boleto; el tique; el billete**
unsatisfactory .... **poco satisfactorio(a); insatisfactorio(a)**
verbal expression .... **la expresión verbal**
visual .... **visual**
vocabulary .... **el vocabulario**
word .... **la palabra**

Verbs Commonly Used in the Classroom
Verbos Comúnmente Usados en la Clase

ability, to have .... **tener la habilidad; tener la capacidad**
able, to be .... **poder**
achieve .... **llevar a cabo; lograr; ganar**
answer .... **contestar**
ask .... **preguntar**
assess .... **evaluar; estimar**
assign .... **asignar**
assist .... **ayudar; asistir**
aware, to become .... **enterarse de**
begin .... **comenzar; empezar**
behave .... **conducirse; comportarse**
blend sounds .... **fusionar sonidos; mezclar sonidos**
call .... **llamar**
carry .... **llevar**
clean .... **limpiar**
close .... **cerrar**
color .... **colorear; colorar**
communicate .... **comunicar**
complete .... **acabar; completar**
comprehend .... **comprender**
conform .... **conformarse**
confused, to be .... **estar confundido(a)**
consent .... **consentir**
control self, to be unable to .... **ser incapaz de controlarse**
correct .... **corregir**
cover .... **cubrir; tapar**
cross out .... **tachar**
cut .... **cortar**
dance .... **bailar**
define .... **definir**
describe .... **describir**
disabled, to be .... **estar incapacitado(a)**

discipline .... **disciplinar; castigar**
disrupt .... **trastornar; alterar; interrumpir**
draw .... **dibujar**
drink .... **beber**
eat .... **comer**
encourage .... **animar**
enunciate .... **enunciar; pronunciar**
erase .... **borrar**
express oneself .... **expresarse**
fall behind .... **atrasarse**
fill .... **llenar**
find .... **encontrar**
finish .... **terminar**
form .... **formar**
function .... **funcionar; desempeñar**
get up .... **levantarse**
give .... **dar**
go .... **ir**
hang up .... **colgar**
help .... **ayudar**
hold .... **sostener; agarrar**
hunt for .... **buscar**
identify .... **identificar**
improve (self) .... **mejorar(se)**
inform .... **avisar; informar**
informed, to keep .... **ponerse al corriente; informarse; estar al corriente**
keep up .... **mantenerse; no atrasarse**
keep quiet .... **quedarse callado(a); estarse quieto(a)**
kick .... **dar un puntapié; dar una patada**
know how to . . . . **saber (+ infinitive)**
learn .... **aprender**
leave .... **salir**
lie down .... **acostarse**
lip-read .... **leer los labios**
listen .... **escuchar**
look at .... **mirar**
make .... **hacer**
maintain .... **mantener**
measure .... **medir**
measures, to take .... **tomar las medidas**
mix .... **mezclar**
move .... **mover**

notify .... **notificar; avisar**
open .... **abrir**
overcome .... **vencer; superar**
pace, to keep pace with .... **andar al mismo paso que; no quedarse atrás**
paint .... **pintar**
pass .... **pasar**
patient, to be .... **tener paciencia**
pay .... **pagar**
pay attention .... **prestar atención; poner atención**
pick up .... **recoger**
pin .... **prender**
play .... **jugar**
postpone .... **posponer; postergar**
pout .... **poner mala cara; hacer pucheros**
practice .... **practicar**
praise .... **elogiar; alabar**
predict .... **predecir**
procrastinate .... **diferir de un día para otro; diferir**
progress, to make .... **progresar**
punctuate .... **puntuar; poner los puntos**
put away .... **guardar**
qualify .... **calificar; habilitar**
question, to ask a .... **preguntar**
quiet down .... **calmarse**
quiet, to keep .... **callarse; estarse callado**
read .... **leer**
remember .... **recordar; acordarse**
report .... **notificar; reportar; informar**
responsible, to be .... **ser responsable**
rest .... **descansar**
retain .... **retener; detener**
return (an object) .... **devolver; regresar**
return (to a place) .... **volver; regresar**
return (to put something back) .... **volver a poner; devolver (a su sitio)**
review .... **repasar; revisar**
save .... **guardar**
say .... **decir**
scribble .... **garrapatear**
see .... **ver**
send .... **mandar**
set .... **poner**
show .... **mostrar**
shut .... **cerrar**

sing .... **cantar**
sit down .... **sentarse**
speak .... **hablar**
spell .... **deletrear**
stand up .... **ponerse de pie; pararse**
start .... **comenzar; empezar**
stop .... **parar**
succeed .... **tener éxito; acertar; lograr**
support .... **apoyar; soportar**
take .... **tomar**
take notes .... **tomar notas; tomar apuntes**
talk .... **hablar**
teach .... **enseñar**
tear .... **romper**
tear paper .... **cortar**
tell (relate) .... **contar**
tell (say) .... **decir**
temper, to lose one's .... **perder la paciencia**
think .... **pensar**
tie .... **amarrar; atar**
touch .... **tocar**
trace .... **delinear**
try .... **tratar**
turn around .... **dar la vuelta**
underline .... **subrayar**
up, to keep up with .... **mantenerse al nivel de . . . ; no atrasarse**
use .... **usar**
wait .... **esperar**
walk .... **andar; caminar**
wash (oneself) .... **lavar(se)**
watch out .... **tener cuidado; tener precaución**
work .... **trabajar**
write .... **escribir**

Reading and Language Arts Terminology
Terminología Para Lectura y Lenguaje

abbreviation .... **la abreviatura; la abreviación**
accent .... **el acento**
activity .... **la actividad**
adjective .... **el adjetivo**
adverb .... **el adverbio**

alphabet .... **el alfabeto; el abecedario**
announcement .... **el anuncio; el aviso**
antonym .... **el antónimo**
apostrophe .... **el apóstrofe**
article .... **el artículo**
bookmark .... **la señal; el marcador de páginas del libro**
capital letter .... **la mayúscula; la letra grande**
chapter .... **el capítulo**
comma .... **la coma**
comparative .... **comparativo**
composition .... **la composición**
compound word .... **la palabra compuesta**
comprehension .... **la comprensión**
conjugation .... **la conjugación**
conjunction .... **la conjunción**
consonants .... **las consonantes**
conversation .... **la conversación**
demonstrative .... **demostrativo(a)**
description .... **la descripción**
differences .... **las diferencias**
diphthong .... **el diptongo**
discussion .... **la discusión**
essay .... **el ensayo**
exclamation point .... **el signo de admiración; el signo de exclamación**
exercise .... **el ejercicio**
fable .... **la fábula**
fairy tales .... **los cuentos de hadas**
grammar .... **la gramática**
heading .... **el encabezamiento**
homonym .... **el homónimo**
idea .... **la idea**
image .... **la imagen**
indefinite .... **indefinido(a)**
index .... **el índice**
infinitive .... **el infinitivo**
interview .... **la entrevista**
language .... **el lenguaje; el idioma**
legend .... **la leyenda**
letter, lower case .... **la minúscula; la letra pequeña**
letter (message) .... **la carta**
letters (of the alphabet) .... **las letras**
letter, upper case .... **la mayúscula**

line (dotted) .... la línea de puntos
list .... la lista
magazine(s) .... la(s) revista(s)
margin .... el margen
material .... el material
modifier .... el modificador
narration .... la narración
newspaper .... el periódico; el diario
noun .... el nombre
opposites .... los (las) opuestos(as)
oral .... oral
oral language .... el lenguaje oral
oral report .... el informe oral
outline .... el bosquejo
page .... la página
pause .... la pausa
period .... el punto
periodical .... el periódico
personal .... personal
phonemes .... los fonemas
plural .... el plural
poem .... el poema
poetry .... la poesía
possessive .... el posesivo
predicate .... el predicado
prefix .... el prefijo
preposition .... la preposición
present .... el presente
presentation .... la presentación
pronoun .... el pronombre
question .... la pregunta
question mark .... el signo de interrogación
quotation .... la cita
quotation marks .... las comillas
quotation marks, in .... entre comillas
reader (book) .... el libro de lectura
reading .... la lectura
reading, remedial .... la lectura remediadora; la lectura de atrasos
reasoning .... el razonamiento
rhyme .... la rima
riddle .... la adivinanza
root .... la raíz
rules .... las reglas

saying ..... **el dicho**
sentence ..... **la oración; la frase**
sequence ..... **la secuencia**
similarities ..... **las semejanzas**
sound ..... **el sonido**
sound (unvoiced) ..... **el sonido sordo**
sound (voiced) ..... **el sonido sonoro**
speech ..... **el habla**
spelling ..... **la ortografía**
story ..... **el cuento**
subject ..... **el sujeto**
suffix ..... **el sufijo**
summary ..... **el sumario; el resumen**
superlative ..... **el superlativo**
syllable ..... **la sílaba**
synonym ..... **el sinónimo**
syntax ..... **la sintaxis**
text ..... **el texto**
theme ..... **el tema**
title ..... **el título**
translation ..... **la traducción**
verb ..... **el verbo**
vocabulary ..... **el vocabulario**
vowel ..... **la vocal**
written ..... **escrito(a)**

Verbs Commonly Used in Reading and Language Instruction
Los Verbos Comúnmente Usados en la Enseñanza de la Lectura y el Lenguaje

alphabetize ..... **colocar en orden alfabético**
associate ..... **asociar**
begin ..... **empezar; comenzar**
comment ..... **comentar**
communicate ..... **comunicar(se)**
comprehend ..... **comprender**
copy ..... **copiar**
dictate ..... **dictar**
dramatize ..... **dramatizar**
explain ..... **explicar**
express ..... **expresar**
follow instructions ..... **seguir instrucciones**
form ..... **formar**
imagine ..... **imaginar(se)**
indent ..... **sangrar; endentar**

interpret .... **interpretar**
leaf through .... **hojear**
listen .... **escuchar**
locate .... **encontrar; localizar**
mark .... **marcar**
memorize .... **memorizar; aprender de memoria**
narrate .... **narrar**
paraphrase .... **parafrasear**
predict .... **predecir**
prepare .... **preparar**
pretend .... **fingir**
pronounce .... **pronunciar**
read .... **leer**
recite .... **recitar**
recognize .... **reconocer**
remember .... **recordar; acordarse**
repeat .... **repetir**
rhyme .... **rimar**
speak .... **hablar**
stutter .... **tartamudear**
summarize .... **resumir**
trace .... **trazar; rastrear**
underline .... **subrayar**
use .... **usar; utilizar**
write .... **escribir**

Mathematics Terminology
Terminología para las Matemáticas

abacus .... **el ábaco**
acute angle .... **el ángulo agudo**
addend .... **el sumando**
addition .... **la suma; la adición**
algorithm .... **el algoritmo**
all .... **todo(s)**
angle .... **el ángulo**
answer .... **la respuesta**
approximation .... **la aproximación**
arc .... **el arco**
area .... **el área**
associative .... **asociativo(a)**
average .... **el promedio**
axis .... **el eje**

bar graph .... **la gráfica de barras**
base .... **la base**
basic combinations .... **las combinaciones básicas**
breadth (width) .... **la anchura**
center .... **el centro**
centimeters .... **los centímetros**
century .... **el siglo**
change (money) .... **el cambio; la vuelta**
circle .... **el círculo**
circle graph .... **el gráfico circular**
circumference .... **la circunferencia**
clock .... **el reloj**
closed surface .... **la superficie cerrada**
coin .... **la moneda**
column .... **la columna**
column addition .... **la suma en columnas; la adición en columnas**
common divider .... **el divisor común**
common factor .... **el factor común**
common multiple .... **el múltiple común**
commutative .... **conmutativo**
compass .... **el compás**
composite number .... **el número compuesto**
cone .... **el cono**
congruent .... **el congruente**
congruent lines .... **las líneas congruentes**
coordinate .... **coordinado**
cost .... **el costo**
counting by ones to . . .. **contando de uno en uno hasta . .**
counting by tens to . . .. **contando de diez en diez hasta . .**
counting by twos to . . .. **contando de dos en dos hasta . .**
cube .... **el cubo**
cubic units .... **las unidades cúbicas**
curve .... **la curva**
cylinder .... **el cilindro**
day .... **el día**
decade .... **la década**
decimal system .... **el sistema métrico decimal**
denominator .... **el denominador**
diagram .... **el diagrama**
diameter .... **el diámetro**
dice .... **los dados**
die .... **el dado**
difference .... **la diferencia**

digit .... **el dígito; la cifra**
distance .... **la distancia**
dividend .... **el dividendo**
divisible .... **divisible**
division .... **la división**
divisor .... **el divisor**
edge (intersection of two planes) .... **la arista; el borde**
element .... **el elemento**
ellipse .... **la elipse**
empty set .... **el conjunto vacío; el conjunto nulo**
equality .... **la igualdad**
equation .... **la ecuación**
equilateral triangle .... **el triángulo equilátero**
equivalent fractions .... **las fracciones equivalentes**
equivalent sets .... **los conjuntos equivalentes**
estimation .... **la estimación**
even number .... **el número par**
exponent .... **el exponente**
exterior .... **el exterior**
face .... **la cara**
factor .... **el factor**
factor tree .... **el árbol de factores**
fifth (one) .... **un quinto**
figure .... **la figura**
finite .... **finito**
foot .... **el pie**
formula .... **la fórmula**
fourth (one) .... **un cuarto**
fraction .... **la fracción**
fractional number .... **el número fraccionario**
function .... **la función**
geometry .... **la geometría**
grade (measurement of angles) .... **el grado**
gram .... **el gramo**
graph .... **el gráfico; el diagrama**
greater than .... **mayor que**
grouping .... **la agrupación**
half (one) .... **un medio; una mitad**
half hour .... **la media hora**
hand (of a clock) .... **la manecilla**
height .... **la altura**
hexagon .... **el hexágono**
Hindu-Arabic numeral .... **el numeral indo-arábigo**
horizontal .... **horizontal**

hour .... **la hora**
hundreds .... **las centenas**
hundred thousands .... **las centenas de millar**
hypotenuse .... **la hipotenusa**
inch .... **la pulgada**
increase .... **la amplificación; el incremento**
inequality .... **la desigualdad**
infinite .... **el infinito**
inside (inner part) .... **el interior**
intersection .... **la intersección**
interval .... **el intervalo**
inverse operation .... **la operación inversa**
isosceles triangle .... **el triángulo isósceles**
left .... **la izquierda**
length .... **la longitud**
less than (in comparison) .... **menos que . . .**
less (followed by a number) .... **menos de . . .**
line segment .... **el segmento de recta**
lineal measure .... **la medida lineal**
liquid .... **el líquido**
liter .... **el litro**
longer .... **más largo**
longest .... **el (la) más largo(a)**
longitude .... **la longitud**
mean .... **la media**
measure .... **la medida**
measurement .... **la medida; la medición**
meters .... **los metros**
method, long .... **el método largo**
method, short .... **el método corto**
method, three step .... **el método de tres pasos**
metric system .... **el sistema métrico decimal; el sistema decimal**
minus (-) .... **menos**
minutes .... **los minutos**
mixed numeral .... **el numeral mixto**
model .... **el modelo**
money .... **el dinero**
money (coins) .... **las monedas**
multiple .... **el múltiplo**
multiple(s), common .... **el (los) múltiple(s) común (comunes)**
multiplication .... **la multiplicación**
natural number .... **el número natural**

negative number .... **el número negativo**
none .... **ninguno**
number .... **el número**
number line .... **la recta numérica**
number sentence .... **la oración numérica**
number theory .... **la teoría de los números**
number (a two digit number) .... **el número de dos dígitos**
numeral .... **el numeral**
numeration .... **la numeración**
numerators .... **los numeradores**
numerical tables .... **las tablas numéricas**
odd number .... **el número impar**
one to one correspondence .... **la correspondencia de uno a uno**
ones .... **las unidades**
operation .... **la operación**
ordered pair .... **el par numérico; el par ordenado**
ordinal numbers .... **los números ordinales**
pairs .... **los pares**
parallel .... **paralelo(a)**
parallelogram .... **el paralelogramo**
parenthesis .... **el paréntesis**
part .... **la parte**
pentagon .... **el pentágono**
perimeter .... **el perímetro**
perpendicular .... **la perpendicular**
place value .... **el valor de posición**
plane .... **el plano**
plus .... **más**
point .... **el punto**
polygon .... **el polígono**
practice .... **la práctica**
prime factor .... **el factor primo**
prime numbers .... **los números primos**
prism .... **el prisma**
probability .... **la probabilidad**
product .... **el producto**
property .... **la propiedad**
protractor .... **el transportador**
pyramid .... **la pirámide**
quadrilateral .... **el cuadrilátero**
quantity .... **la cantidad**
quarter hour .... **el cuarto de hora**
quotient .... **el cociente**
radius .... **el radio**

ratio .... **la proporción, la razón**
rays .... **los rayos**
rectangle .... **el rectángulo**
region .... **la región**
remainder .... **el residuo; el restante**
right angle .... **el ángulo recto**
right triangle .... **el triángulo recto**
Roman numerals .... **los números romanos**
ruler .... **la regla**
seconds .... **los segundos**
segment .... **el segmento**
semicircle .... **el semicírculo**
sequence .... **la secuencia**
set .... **el conjunto**
shorter (space, time, quantity) .... **más corto**
shorter (stature) .... **más bajo**
shortest (space, quantity) .... **el (la) más corto(a)**
shortest (stature) .... **el (la) más bajo(a)**
signs (+,-) .... **los signos**
simple closed curve .... **la curva cerrada simple**
solution .... **la solución**
some .... **algunos**
space .... **el espacio**
sphere .... **la esfera**
square .... **el cuadrado**
square root .... **la raíz cuadrada**
subset .... **el subconjunto**
subtraction .... **la resta; la sustracción**
sum .... **la suma; la adición**
superset .... **el superconjunto**
surface area .... **el área de superficie**
symmetrical .... **simétrico(a)**
table .... **la tabla**
taller .... **más alto(a)**
tallest .... **el (la) más alto(a)**
tangent .... **la tangente**
tens .... **las decenas**
tetrahedron .... **el tetraedro**
theorem .... **el teorema**
thirds .... **los tercios**
third, one .... **un tercio**
thirds, two .... **dos tercios**
thousand .... **mil**
thousands (one) .... **unidades de millar**

thousands (ten) .... **decenas de millar**
thousands (hundred) .... **centenas de millar**
times (x) .... **multiplicado por**
trapezoid .... **el trapecio; el trapezoide**
triangle .... **el triángulo**
triangular .... **triangular**
union .... **la unión**
unit .... **la unidad**
value .... **el valor**
vertex .... **el vértice**
vertical .... **vertical**
volume .... **el volumen**
weight .... **el peso**
whole number .... **el número entero**
width (breadth) .... **la anchura**
yard .... **la yarda**

Verbs Commonly Used in Mathematics Instruction
Verbos Comúnmente Usados en la Enseñanza de las Matemáticas

add .... **sumar**
annotate .... **anotar**
answer .... **contestar**
bisect .... **bisecar**
borrow .... **pedir prestado**
calculate .... **calcular**
carry .... **llevar**
choose .... **escoger**
circle .... **poner en un círculo; rodear; circundar**
complete .... **completar**
copy .... **copiar**
contain .... **contener**
count .... **contar**
decipher .... **descifrar**
divide .... **dividir**
divide in half .... **demediar**
equivalent, to be .... **equivaler**
estimate .... **estimar**
find .... **hallar; encontrar**
increase .... **aumentar**
intersect .... **cortar**
list .... **poner en una lista; enumerar**

look for .... **buscar**
mark .... **marcar**
measure .... **medir**
multiply .... **multiplicar**
name .... **nombrar**
observe .... **observar**
put together .... **juntar**
reduce (a fraction) .... **simplificar; reducir**
regroup .... **reagrupar**
resolve .... **resolver**
round .... **redondear**
show .... **mostrar; enseñar**
solve .... **solucionar**
study .... **estudiar**
subtract .... **restar**
take away .... **restar; quitar**
utilize .... **utilizar**

Homework--La Tarea

assignment .... **la tarea**
assignments, completed .... **las tareas terminadas**
assignments, incomplete .... **las tareas no terminadas**
homework assignment .... **la tarea**
homework policy .... **las reglas sobre la tarea**
homework program .... **el programa de tarea**
homework requirements .... **los requisitos de la tarea**
study habits .... **los hábitos de estudio**
study, place to .... **el lugar para estudiar**
study techniques .... **las técnicas de estudio**
study, time to .... **el tiempo para estudiar**

Report Cards and Parent Conferences
Tarjetas de Calificación y Conferencias con Padres

ability, average .... **la capacidad regular; la capacidad media**
achievement .... **el éxito; el logro**
appointment .... **la cita**
attend, to .... **asistir**
average .... **el promedio**
average, above .... **superior al promedio; mejor que el promedio; superior a la media**

average, below .... **inferior al promedio; peor que el promedio; inferior a la media**
conference, parent-teacher .... **la conferencia entre padre(s) y maestro(a)**
discuss, to .... **discutir**
grade level, above .... **superior al nivel del grado**
grade level, at .... **al nivel del grado**
grade level, below .... **inferior al nivel del grado**
grade point average .... **el promedio de las notas**
grade(s) .... **la calificación; las calificaciones**
improvement .... **el mejoramiento**
individualized progress report .... **el informe individual de progreso**
inform, to .... **avisar; informar**
informed, to keep one .... **estar al corriente de; ponerse al corriente; informarse**
mastery .... **el dominio**
meet, to .... **asistir a; encontrarse con**
performance .... **el cumplimiento; el resultado**
performance, student .... **el cumplimiento del estudiante**
repeat (to repeat a class, year) .... **repetir**
report card .... **la tarjeta de calificaciones**
report, verbal progress .... **el informe verbal sobre el progreso**
report, written progress .... **el informe escrito sobre el progreso**
request a conference, to .... **pedir una conferencia**
SAT results .... **los resultados del examen SAT**
schedule .... **el horario**
scores .... **las calificaciones**
scores, test .... **los resultados del examen (de los exámenes)**
skills, basic .... **las habilidades básicas**
support, parental .... **el apoyo de los padres**
test results .... **los resultados de los exámenes**
time, scheduled .... **la hora fijada; la hora establecida**

The Nurse's Office and Medical Terminology

Health - General Phrases
Salubridad - Frases Comunes

acute state .... **el estado grave**
administration by inhalation .... **la administración por inhalación**
administration of medication .... **la administración de la medicina**
administration, oral .... **la administración oral**
administration, topical .... **la administración tópica**
attention, professional .... **la atención profesional**
case, severe .... **el caso severo**
child, sick .... **el (la) niño(a) enfermo(a)**
children, excluded .... **los niños excluidos**
clinic, community .... **la clínica de la comunidad**
complications, potential .... **la posibilidad de complicaciones**
complications, serious .... **las complicaciones serias**
condition, disabling .... **la condición que incapacita**
condition, medical .... **la condición médica**
condition, serious .... **la condición seria; la condición grava**
consent .... **el consentimiento**
contact, direct .... **el contacto directo**
contagious .... **contagioso(a)**
contagious, highly .... **muy contagioso(a)**
Department of Public Health .... **El Departamento de Salubridad Pública**
developmental health history .... **la historia de la condición médica y desarrollo**
disability, temporary .... **la incapacidad temporal**
disease, communicable .... **la enfermedad contagiosa**
disease, contagious .... **la enfermedad contagiosa**
disease, spread of .... **la propagación de la enfermedad**
documentation, necessary .... **la documentación necesaria**
dose(s) additional .... **la dosis adicional**
effects .... **los efectos**
epidemic .... **la epidemia**
examination, physical .... **el examen médico**
examined, to be .... **ser reconocido(a); ser examinado(a)**
exclude from school, to .... **excluir de la escuela**
excluded, to be .... **estar excluido(a)**
exclusion from attendance .... **la exclusión de asistencia**
health check-up .... **el reconocimiento médico; el examen médico**
health history .... **el historial de la condición médica**
health problems .... **los problemas de salud**

health problems, chronic .... **las enfermedades crónicas**
health records .... **el expediente médico**
health screening .... **el reconocimiento médico; el examen médico**
home care .... **el cuidado médico en casa**
illness, serious .... **la enfermedad seria; la enfermedad grave**
immunization .... **la inmunización**
immunization requirement .... **el requisito de inmunización; el requisito de vacunas**
immunizations, required .... **las inmunizaciones requeridas**
impairment .... **el impedimento**
incubation period .... **el período de incubación**
infestation .... **la infestación**
information card, medical .... **la tarjeta de información médica**
injury, head .... **la lesión de la cabeza**
instructions, special .... **las instrucciones especiales**
limitation of physical activity .... **la limitación de actividades físicas**
medical intervention .... **la intervención médica**
medical problems .... **los problemas médicos**
medication .... **los medicamentos; las medicinas**
medication, to administer .... **administrar la medicina**
medication, to take .... **tomar la medicina**
observe, to .... **observar**
permission, written parental .... **el permiso por escrito de los padres**
personal hygiene program .... **el programa de higiene personal**
persons, infected .... **las personas infectadas**
referral, medical .... **la acción de enviar un paciente a un especialista**
reinfestation .... **la reinfestación**
restrictions, physical .... **las restricciones físicas**
safety procedures .... **los procedimientos de seguridad**
school health office .... **la oficina de salubridad de la escuela**
school nurse .... **la enfermera escolar**
screening program .... **el programa de selección y eliminación**
symptoms .... **los síntomas**
temperature .... **la temperatura; la calentura; la fiebre**
treatment, medical .... **el tratamiento médico**
treatment, prompt .... **el tratamiento inmediato**
waiver of health check-up .... **la exclusión de tomar el reconocimiento médico**

Medical Conditions, Symptoms and Diseases
Condiciones Médicas, Síntomas, Enfermedades

abdominal pain .... **el dolor abdominal; el dolor del abdomen**
abdominal problems .... **los problemas abdominales**
abortion .... **el aborto**
abscess .... **el absceso**
accident .... **el accidente**
ache .... **el dolor**
addiction .... **la adicción**
affliction .... **la aflicción**
AIDS (Acquired Immune Deficiency Syndrome) .... **SIDA (Síndrome de Inmunodeficiencia Adquirida)**
ailing .... **enfermo(a); achacoso(a)**
ailment .... **la enfermedad; el achaque**
allergy .... **la alergia**
anemia .... **la anemia**
angina pectoris .... **la angina de pecho**
ankle, twisted .... **el tobillo torcido**
anorexia .... **la anorexia**
anxiety .... **la ansiedad**
appendicitis .... **la apendicitis**
appetite (poor) .... **no tener apetito**
asthma .... **el asma**
asthmatic .... **asmático(a)**
athlete's foot .... **el pie de atleta**
backache .... **el dolor de espalda**
bee sting (wasp sting) .... **la picadura de abeja (avispa)**
birth defect .... **el defecto de nacimiento**
birthmark .... **el antojo; el lunar**
bite, of an insect .... **la picadura; la mordedura**
bleeding .... **la hemorragia; que sangra; que está sangrando**
bleeding, excessive .... **la hemorragia excesiva**
blind .... **ciego(a)**
blindness .... **la ceguera**
blister .... **la ampolla**
blood clot .... **el coágulo**
blood pressure .... **la tensión arterial**
blood pressure, high .... **la hipertensión arterial; la presión alta**

bloody .... **sangriento(a)**
bloody nose .... **la hemorragia nasal**
blow .... **el golpe**
boil .... **el furúnculo; el grano enterrado**
bone, broken .... **el hueso roto**
bone disease .... **la enfermedad de los huesos**
bowel control (poor) .... **la falta de control de la evacuación**
bowel movement .... **la evacuación del vientre**
bowleg .... **la pierna arqueada**
bowlegged .... **estevado(a); patiestevado(a)**
breakdown .... **la crisis nerviosa; el colapso**
breath (out of) .... **sin aliento**
breath (short of) .... **corto de resuello**
breathing problems .... **los problemas de la respiración**
bronchitis .... **la bronquitis**
bruise .... **el moretón; la contusión; la magulladura**
bruised .... **magullado(a); amoratado(a)**
bruises easily .... **se magulla fácilmente**
bump .... **el golpe**
burn(s) .... **la(s) quemadura(s)**
cancer .... **el cáncer**
catching .... **contagioso(a); que se pega**
cerebral palsy .... **la parálisis cerebral**
chicken pox .... **la varicela; la viruela loca**
childbirth .... **el parto; el alumbramiento; el dar la luz**
chills .... **los escalofríos**
cholera .... **el cólera**
chronic illness .... **la enfermedad crónica**
clubfoot .... **el pie zopo**
clubfooted .... **con el pie zopo**
cold (a) .... **el catarro; el resfriado**
colds, frequent .... **los resfriados frecuentes**
colic .... **el cólico**
colitis .... **la colitis**
color-blind, to be .... **ser ciego(a) para los colores**
color blindness .... **el daltonismo**
complications from . . . . **las complicaciones de . . .**
concussion .... **la concusión; la conmoción cerebral**
condition .... **la condición**
congenital abnormality .... **la anormalidad congénita**
conjunctivitis .... **la conjuntivitis**

constipation .... **el estreñimiento; la constipación**
contagious illness .... **la enfermedad contagiosa**
convulsion .... **la convulsión**
coordination, poor .... **la mala coordinación**
cough (chronic, frequent) .... **la tos (crónica; frecuente)**
cramp(s) .... **el (los) calambre(s)**
cranky .... **malhumorado(a)**
croup .... **el crup**
crying .... **llorando**
curvature of the spine .... **la escoliosis**
cut .... **la cortadura; el corte**
cyst .... **el quiste**
deaf .... **sordo(a)**
deaf-mute .... **sordomudo(a)**
deafness .... **la sordera**
deformity .... **la deformidad**
depression .... **la depresión**
diabetes .... **la diabetes**
diarrhea .... **la diarrea**
diet .... **la dieta**
diet, healthy .... **la dieta saludable**
diet, poor .... **la mala dieta**
digestion .... **la digestión**
diphtheria .... **la difteria**
dirty .... **sucio(a)**
disability (physical) .... **la invalidez; la minusvalía**
disabled .... **inválido(a); minusválido(a)**
discharge .... **el desecho; el flujo; la supuración**
discomfort .... **el malestar; la incomodidad**
dizziness .... **el vértigo; la confusión; el mareo**
dizzy .... **mareado(a); aturdido(a); confuso(a)**
Down's syndrome .... **el síndrome de Down**
drooling .... **babeando**
drowsiness .... **la somnolencia**
drowsy .... **soñoliento(a)**
drugged .... **drogado(a)**
drugs, under the influence of .... **bajo la influencia de drogas**
dysentery .... **la disentería; la diarrea muy fuerte**
dyslexia .... **la dislexia**
earache .... **el dolor de oído**
ear disease .... **la enfermedad de los oídos**
ear infection .... **la infección del oído**
eczema .... **el eczema**
emphysema .... **el enfisema**

epidemic .... **la epidemia**
epilepsy .... **la epilepsia**
epileptic .... **epiléptico(a)**
exercise, lack of .... **la falta de ejercicio**
exhaustion .... **el agotamiento**
eye disease .... **la enfermedad de los ojos**
eye injury .... **la herida de los ojos**
eyes, circles under .... **las ojeras**
fainting spell .... **el desmayo**
fall .... **la caída**
fat (describing a condition) .... **la gordura**
fatigue .... **la fatiga; el cansancio**
fear .... **el temor; el miedo**
fearful .... **temeroso(a); aprensivo(a); miedoso(a)**
fever .... **la fiebre; la calentura**
fever blister .... **la ampolla; la lesión en los labios**
fever, high .... **la fiebre alta**
fever, low grade .... **la fiebre de grado bajo**
feverish .... **febril; calenturiento(a)**
fidgety .... **inquieto(a); nervioso(a); azogado(a)**
flabby .... **flojo(a); fláccido(a)**
flatulence .... **la flatulencia**
flea bites .... **las picaduras de pulgas**
fleas .... **las pulgas**
flesh wound .... **la herida superficial**
flu .... **la gripe; la influenza**
food poisoning .... **el envenamiento por comestibles en mal estado**
foreign body .... **el cuerpo extraño**
fracture .... **la fractura; la quebradura; la rotura**
fragile .... **frágil**
frail .... **débil; frágil**
fretful .... **irritable; enojadizo(a); impaciente**
frightened .... **asustado(a)**
frostbite .... **la congelación**
frostbitten .... **dañado por la helada; congelado(a)**
gash .... **la cuchillada**
gangrene .... **la gangrena**
genital herpes .... **los (las) herpes genitales**
glands, enlarged .... **las glándulas inflamadas**
glaucoma .... **la glaucoma**
gonorrhea .... **la gonorrea**

halitosis .... **la halitosis**
handicap, physical .... **el impedimento físico**
hangover .... **la resaca**
harelip .... **el labio leporino; el labio hendido**
hay fever .... **la fiebre (el catarro) del heno**
headache .... **el dolor de cabeza**
head cold .... **el catarro; el resfriado; el constipado**
head lice .... **los piojos**
health .... **la salud**
healthy .... **sano(a); saludable**
hearing impaired .... **sordo(a)**
hearing impairment .... **el impedimento (defecto) del oído**
heart attack .... **el ataque al corazón; el ataque cardíaco**
heartburn .... **la acedía; la rescoldera; el rescoldo**
heart condition/disease .... **la enfermedad del corazón**
heart failure .... **el fallo del corazón; el colapso cardíaco**
heart murmur .... **el rumor cardíaco**
hemorrhage .... **la hemorragia**
hemorrhoids .... **las hemorroides**
hepatitis .... **la hepatitis**
herpes .... **el (la) herpe**
hiccup .... **el hipo**
hives .... **las ronchas; la urticaria**
hoarseness .... **la ronquera**
hookworm .... **el anquilostoma**
hunger .... **el hambre**
hyperactive .... **hiperactivo(a)**
hypertension .... **la hipertensión**
hypochondriac .... **hipocondríaco(a)**
hypoglycemia .... **la hipoglucemia**
ill health .... **la mala salud**
ill, to be .... **estar enfermo(a); estar malo(a)**
illness, chronic .... **la enfermedad crónica**
immune .... **inmune**
impetigo .... **el impétigo**
incoherent .... **incoherente**
indigestion .... **la indigestión**
infantile paralysis .... **la parálisis infantil; el polio**
infected .... **infectado(a)**
infection .... **la infección**
infectious .... **contagioso(a); infeccioso(a)**

inflamed .... **inflamado(a)**
inflammation .... **la inflamación**
influenza .... **la gripe; la influenza**
ingrown .... **enterrado(a)**
ingrown nail .... **la uña enterrada; la uña clavada en la carne**
injury (wound) .... **la herida; la lesión; el daño**
insanity .... **la locura**
insomnia .... **el insomnio**
irritation .... **la irritación**
itch .... **la comezón; la picazón**
itch (the) .... **la sarna**
itchy .... **sentir comezón; sentir picor**
jaundice .... **la ictericia; la piel amarilla**
kidney disease .... **la enfermedad de los riñones**
knot on the head .... **el chichón**
laceration .... **la laceración**
laryngitis .... **la laringitis**
leg, broken .... **la pierna rota; la pierna quebrada**
lesion .... **la lesión**
lethargic .... **aletargado(a)**
lethargy .... **el estupor; el aletargamiento**
leukemia .... **la leucemia**
lice .... **los piojos**
limp .... **la cojera**
listless .... **apático(a); indiferente; lánguido(a)**
lockjaw .... **el tétano; el trismo**
lump .... **el chichón; el bulto; la protuberancia**
malaria .... **la malaria; el paludismo**
malformation .... **la malformación**
malignant .... **maligno(a)**
malnourished .... **desnutrido(a)**
malnutrition .... **la desnutrición; la mala nutrición**
measles .... **el sarampión**
measles (German) .... **la rubéola**
meningitis .... **la meningitis**
menstruation .... **la menstruación; la regla; el período**
migraine .... **la jaqueca; la migraña**
miscarriage .... **el aborto espontáneo; el malparto**
miserable .... **indispuesto(a)**
mole .... **el lunar**
mononucleosis .... **la mononucleosis**

morning sickness .... **las náuseas matutinas**
mosquito bite .... **la picadura del mosquito; la picadura del zancudo**
motion sickness .... **el mareo**
multiple sclerosis .... **la esclerosis múltiple**
mumps .... **las paperas**
muscular dystrophy .... **la distrofia muscular**
nail biting .... **morderse las uñas**
nausea .... **la náusea**
nauseous .... **mareado(a)**
nervous .... **nervioso(a)**
nervous breakdown .... **el colapso nervioso**
neurotic .... **neurótico(a)**
nightmare .... **la pesadilla**
nose (bloody) .... **la nariz que sangra**
nose (runny) .... **le moquean las narices**
nosebleed .... **la hemorragia nasal; el sangrar por la nariz**
numbness .... **el entumecimiento; la insensibilidad**
obese .... **obeso(a)**
ordeal .... **la prueba rigurosa; la prueba penosa**
overdose .... **la sobredosis; la dosis excesiva**
overexertion .... **el esfuerzo excesivo**
overexposure .... **la sobreexposición**
overweight, to be .... **que pesa demasiado; estar excesivamente grueso**
pain .... **el dolor**
painful .... **doloroso(a)**
pains, growing .... **el dolor de crecimiento**
pale .... **pálido(a)**
palpitations .... **las palpitaciones**
palsy, cerebral .... **la parálisis cerebral**
paralysis .... **la parálisis**
parasite .... **el parásito**
Parkinson's disease .... **la enfermedad de Parkinson**
pigmentation, abnormal .... **la pigmentación anormal**
piles .... **las almorranas**
pimple .... **el grano**
pinkeye .... **la conjuntivitis**
pinworm .... **el gusano; la lombriz intestinal pequeña**

pneumonia .... **la pulmonía; la neumonía**
poison ivy .... **la hiedra venenosa**
poisoning .... **el envenenamiento**
polio .... **el polio; la parálisis infantil**
polyp .... **el pólipo**
pregnancy .... **el embarazo; la preñez**
pregnant .... **embarazada; que está en estado**
prickly heat .... **el salpullido causado por el calor**
puncture wound .... **el pinchazo; la perforación**
pus .... **el pus; la superación purulenta**
rabies .... **la rabia**
rash .... **el sarpullido; la erupción de la piel**
reinfection .... **la reinfección**
relapse .... **la recaída**
respiratory disease .... **la enfermedad respiratoria**
Rh factor .... **el factor Rhesus**
rheumatic fever .... **la fiebre reumática**
rickets .... **la raquitis; el raquitismo**
ringworm .... **la tiña**
roundworm .... **la lombriz intestinal**
rubella .... **la rubéola**
rupture .... **la ruptura; la rotura; el rompimiento**
salmonella .... **la salmonela**
scab .... **la postilla; la costra**
scabies .... **la sarna**
scar .... **la cicatriz**
scarlet fever .... **la escarlatina**
scarring .... **dejando cicatrices**
scoliosis .... **la escoliosis**
scratch .... **el rasguño; el arañazo**
seizures .... **los ataques; las convulsiones**
shock .... **la conmoción; el choque; el trauma; la postración nerviosa**
shortness of breath .... **la falta de aire; la respiración corta**
sick, to be .... **estar enfermo(a); estar malo(a)**
sickly .... **enfermizo(a)**
sickness .... **la enfermedad**
sinusitis .... **la sinusitis**
skin disease .... **la enfermedad de la piel**
sleeplessness .... **el insomnio**
sleepy .... **soñoliento(a)**
sliver .... **la astilla**
smallpox .... **la viruela**

snakebite .... **la mordedura de serpiente**
sneeze .... **el estornudo**
sneezing .... **los estornudos**
sniffles .... **el ataque de resoplidos; el ruido de la nariz**
sore (adjective) .... **dolorido(a)**
sore (noun) .... **la llaga; la úlcera; la herida; la lesión**
sore throat .... **el dolor de garganta**
spasm .... **el espasmo**
speech impediment .... **el impedimento del habla**
spider bite .... **la picadura de araña**
splinter .... **la astilla**
sprain .... **la torcedura; el desgarro; el torcimiento**
stamina (lack of) .... **la falta de vigor; la falta de resistencia**
stiff .... **rígido(a); tieso(a)**
stiff neck .... **la tortícolis**
sting, bee .... **la picadura de abeja**
sting, wasp .... **la picadura de avispa**
stomach cramp(s) .... **el (los) calambre(s) del estómago**
stomachache .... **el dolor de estómago**
strep throat .... **la infección estreptococal de la garganta**
stress .... **la tensión; el estrés**
stutterer .... **el (la) tartamudo(a)**
sty .... **el orzuelo**
suicidal .... **suicida**
suicide .... **el suicidio**
sunburn .... **la quemadura del sol**
sunburned .... **quemado(a) del sol**
sunstroke .... **la insolación**
sweaty .... **sudoroso(a); cubierto de sudor**
swelling (noun) .... **la hinchazón**
swollen .... **hinchado(a)**
syphilis .... **la sífilis**
tantrum(s) .... **el (los) berrinche(s); las rabietas**
tapeworm .... **la lombriz solitaria; la solitaria**
tearful .... **lloroso(a); lacrimoso(a)**
tears .... **las lágrimas**
teething .... **la dentición; la formación de los dientes**

temperature .... **la temperatura; la calentura; la fiebre**
tender .... **dolorido(a)**
tense .... **tenso(a)**
tension .... **la tensión; el ansia**
tetanus .... **el tétano**
thin .... **delgado(a); flaco(a)**
thirsty .... **sediento(a)**
thorn wound .... **la herida de espina**
throat infection .... **la infección de la garganta**
throb .... **el latido; el pulso**
thumb sucker .... **que se chupa el dedo**
thyroid trouble .... **los problemas con la glándula tiroides**
tic .... **el tic nervioso; el movimiento espasmódico**
tingling sensation .... **el hormigueo**
tired .... **cansado(a)**
tiredness .... **el cansancio; la fatiga**
tonsillitis .... **la tonsilitis**
toothache .... **el dolor de diente (de muelas)**
touchy (irritable) .... **susceptible; delicado(a)**
trauma .... **el trauma**
tuberculosis .... **la tuberculosis**
tumor .... **el tumor**
typhoid fever .... **la tifoidea; la fiebre tifoidea**
typhus .... **el tifus**
ulcer .... **la úlcera**
unconscious .... **inconsciente; sin sentido; desmayado(a)**
undernourished .... **desnutrido(a)**
unhealthy .... **enfermizo(a)**
unsanitary .... **insalubre; antihigiénico(a)**
urination, burning .... **ardor al orinar**
urination, painful .... **dolor al orinar**
venereal disease .... **la enfermedad venérea**
vertigo .... **el vértigo**
virus .... **el virus**
vision (poor) .... **la mala visión**
vomit .... **el vómito**
vomiting .... **vomitando**
wart .... **la verruga**
weak .... **débil**
weakness .... **la debilidad**

weariness .... **el cansancio; la fatiga**
weary .... **cansado(a)**
weight, over .... **el exceso de peso; la obesidad**
weight, under .... **pesar menos de lo normal; estar muy delgado; estar flaco(a)**
well .... **bien de salud, sano(a)**
wellness .... **el bienestar físico**
welt .... **el verdugón; la roncha**
wheeze .... **el resuello ruidoso; la respiración silbante**
whiplash .... **la concusión de la espina cervical**
whooping cough .... **la tos ferina**
worms .... **las lombrices intestinales**
worried .... **preocupado(a)**
wound .... **la herida**
wounded .... **herido(a)**

Vision Terminology--Terminología de la Visión

blind .... **ciego(a)**
color-blind .... **ciego(a) para los colores**
conjunctivitis .... **la conjuntivitis**
contact lenses .... **las lentes de contacto**
cornea .... **la córnea**
corrective glasses .... **las lentes correctivas**
cross-eyed .... **bizco(a)**
deterioration of vision .... **el deterioro de la vista**
eye(s) .... **el (los) ojo(s)**
eye doctor .... **el oftalmólogo; el oculista; el optometrista**
eye examination .... **el reconocimiento de la vista; el examen de la vista**
eye socket .... **la cuenca del ojo**
eye test chart .... **el cuadro gráfico para exámenes de la vista**
eyeball .... **el globo del ojo**
eyelash .... **la pestaña**
eyelid .... **el párpado**
eyesight .... **la vista**
eyestrain .... **la vista fatigada**
eyewash .... **el colirio**
glasses .... **las lentes; los anteojos; las gafas**
myopia .... **la miopía**

nearsightedness .... **el (la) miope**
ophthalmologist .... **el (la) oftalmólogo(a)**
optometrist .... **el (la) optometrista**
see, to .... **ver**
squint, to .... **bizquear**

Hearing Terminology--Terminología del Oído

ear(s) .... **el oído (los oídos)**
ear, outer .... **la oreja**
ear, inner .... **el oído (interno)**
earache .... **el dolor de oído(s)**
eardrum .... **el tímpano**
earwax .... **el cerumen; la cera de los oídos**
hearing aid .... **el aparato auditivo**
hearing (hard of) .... **duro de oído; algo sordo**
hearing loss .... **la pérdida de la capacidad de oír**
hearing (sense) .... **la capacidad de oír**

Dental Terminology--La Terminología Dental

baby tooth .... **el diente de leche**
braces .... **los frenos para los dientes**
breath, bad .... **el mal aliento**
brush teeth, to .... **cepillarse (lavarse) los dientes**
buck teeth .... **los dientes salientes**
calcium .... **el calcio**
candy .... **los dulces; los bombones; los caramelos**
cavity .... **la carie; la picadura**
cavities .... **las caries; las picaduras**
chew, to .... **masticar**
clean teeth, to .... **limpiar los dientes**
decayed teeth .... **los dientes picados**
dental health .... **la salud dental**
dental hygienist .... **el (la) higienista dental**
dentistry .... **la odontología; la dentistería**
floss .... **el hilo dental**
fluoride .... **el fluoruro**
gum, chewing .... **la goma de mascar; el chicle**
gum disease .... **la enfermedad de las encías**
gums .... **las encías**
jaw .... **la quijada; la mandíbula**
mouth .... **la boca**

mouthwash .... el enjuague bucal; el enjuague dental
novocaine .... la novocaína; la procaína
orthodontist .... el (la) ortodontista
periodontal illness .... la enfermedad periodontal
plaque .... la placa
prevention .... la prevención
rinse, to .... enjuagar
root canal .... el canal de la raíz
sweet tooth .... el gusto por los dulces; ser goloso
tartar .... el tártaro; el cálculo
teeth .... los dientes
teeth, decayed .... los dientes picados
teeth, false .... la dentadura postiza
teething .... la dentición
tongue .... la lengua
tooth .... el diente
toothache .... el dolor de dientes (muelas)
toothbrush .... el cepillo de dientes
toothpaste .... la crema dental; el dentrífico
toothpick .... el palillo de dientes; el mondadientes
tooth powder .... el polvo dental
wisdom tooth (teeth) .... la muela cordal; la(s) muela(s) del juicio

Child Abuse--El Maltrato de los Niños

abandoned .... abandonado(a)
abrasion(s) .... la abrasión (las abrasiones)
abuse .... el maltrato; el abuso; la injuria
abuse, to .... maltratar a; abusar a; injuriar a
abusive .... abusivo(a); insultante; injurioso(a)
accusation .... la acusación
accuse, to .... acusar
afraid, to be .... tener miedo; temer
apprehensive .... aprensivo(a); temeroso(a); receloso(a)
bruise(s) .... la contusión (las contusiones)
burn(s) .... la (las) quemadura(s)
child welfare .... la protección de la infancia
coerce, to .... forzar
confidentiality .... la confidencialidad
criminal behavior .... la conducta criminal

cruelty ... **la crueldad**
emotional stress ... **la tensión emocional**
endanger, to ... **poner en peligro**
excessive ... **excesivo(a)**
fondle, to ... **acariciar; toquetear**
foster home ... **la familia adoptiva temporal**
frightened, to be ... **tener miedo; temer**
genital penetration ... **la penetración genital**
health (endangered) ... **la salud (en peligro)**
help ... **la ayuda; el socorro**
help, to ... **ayudar**
hygiene (poor) ... **la mala higiene**
incest ... **el incesto**
injure, to ... **hacer daño a; lastimar a; herir a**
injury ... **la herida; la lesión**
lewd acts ... **las acciones obscenas**
maltreat, to ... **maltratar a**
mental suffering ... **el sufrimiento mental**
molest, to ... **vejar sexualmente; aprovecharse sexualmente**
molestation ... **la vejación sexual**
neglect ... **la negligencia; el descuido**
neglect, to ... **descuidar; desatender**
neglected ... **descuidado(a)**
negligence ... **la negligencia**
negligent ... **negligente**
obscene acts ... **las acciones impúdicas; las acciones indecentes; los actos obscenos**
physical pain ... **el dolor físico**
physical punishment ... **el castigo físico (corporal)**
private ... **privado(a)**
psychological problems ... **los problemas psicológicos**
punishment, excessive ... **el castigo excesivo**
punishment, unjustifiable ... **el castigo injustificable**
rape ... **la violación**
reasonable suspicion ... **la sospecha razonable**
sexual abuse ... **el abuso sexual**
sexual assault ... **el asalto sexual**
sexual exploitation ... **la explotación sexual**
suspected abuse ... **el abuso sospechado**
suspect, to ... **sospechar**
suspicion(s) ... **la(s) sospecha(s)**
traumatic ... **traumático(a)**

unattended physical problems .... **los problemas físicos descuidados**
uncared for .... **desatendido(a); descuidado(a)**
unfit .... **incapaz; incompetente**
unjustifiable .... **injustificable**
victim .... **la víctima**
violate sexually, to .... **violar sexualmente**
violate, to .... **violar**
violence .... **la violencia**
violent .... **violento(a)**
welt(s) .... **el verdugón; los verdugones; la(s) roncha(s)**
withdrawn .... **reservado(a); introvertido(a)**

Outside the Classroom

General Library Terminology
Terminología Diversa de la Biblioteca

alphabetical order .... **el orden alfabético**
bar code .... **el código de barras**
book care rules .... **los reglamentos del cuidado de libros**
book, to return a .... **devolver un libro**
borrow, to .... **pedir prestado**
browse, to .... **hojear**
check out a book, to .... **sacar un libro de la biblioteca**
librarian .... **el (la) bibliotecario(a)**
library day .... **el día en que le toca ir a la biblioteca**
library hours .... **el horario de la biblioteca**
library, public .... **la biblioteca pública**
library, school .... **la biblioteca escolar**
listening center .... **el centro de escucha**
loan .... **el préstamo**
overdue .... **atrasado**
reading habits .... **los hábitos de leer**

Library Equipment and Materials
Los Equipos y Materiales de la Biblioteca

audio book(s) .... **el (los) libro(s) auditivo(s)**
audiocassette(s) .... **el (los) casete(s)**
book(s) .... **el (los) libro(s)**
book cover .... **la tapa del libro; la sobrecubierta**
book, damaged .... **el libro estropeado**
book jacket .... **la sobrecubierta del libro**
book return .... **el departamento de devolución de libros**
bookends .... **los soportes de libros**
bookshelf (shelves) .... **las estanterías de libros; la(s) repisa(s)**
borrower's card .... **la tarjeta de la biblioteca**
card catalog .... **la tarjeta del catálogo**
cart .... **el carrito**
cassette player .... **la grabadora de casetes**
cassettes .... **los casetes**
circulation desk .... **el departamento de circulación de libros**

compact disc player .... el tocadiscos de discos compactos
disks, computer .... los discos para la computadora
files .... los archivos
films .... las películas
filmstrips .... las filminas
globe .... el globo
hardback .... el encuadernado en cartoné; el libro de tapa dura
headphones .... los auriculares; los audífonos
identification card .... la tarjeta de identidad
index card .... la ficha
laminator .... el laminador
library book .... el libro de la biblioteca
library card .... la tarjeta de la biblioteca
magazines .... las revistas
map(s) .... el (los) mapa(s)
movie projector .... el proyector de películas
overhead projector .... el proyector de transparencias
paperback book .... el libro encuadernado en rústica; el libro de tapa flexible
pamphlets .... los folletos
pockets .... los bolsillos
prints, art .... los grabados de arte
projector .... el proyector
rack .... el estante
reserve book card .... la tarjeta de libros en reserva
screen .... la pantalla
shelves .... las estanterías
slide projector .... el proyector de diapositivas
software, computer .... el programa para la computadora
stamp .... el sello
tape, videocassette .... la cinta del video casetera
VCR .... el sistema de video
videocassette player .... el proyector de cintas en video
videocassette recorder .... el sistema de video
videos .... los videos

Classifications of Books
Las Clasificaciones de Los Libros

adult .... **libros para adultos**
adventure .... **libros de aventuras**
art .... **libros de arte**
astronomy .... **libros de astronomía**
autobiography .... **libros de autobiografías**
biography .... **libros de biografías**
botany .... **libros de botánica**
business .... **libros de negocios**
crafts .... **libros de artesanías**
Earth science .... **libros de ciencias sobre el planeta**
easy reading .... **libros de lectura fácil**
fiction .... **libros de ficción**
foreign language .... **libros en lenguas extranjeras**
geography .... **libros de geografía**
health .... **libros de temas sobre la salud**
history .... **libros de historia**
holidays .... **libros de vacaciones**
humor .... **libros de humor**
juvenile .... **libros para niños**
literature .... **literatura**
math .... **libros de matemáticas**
mystery .... **libros de misterio**
nature .... **libros sobre la naturaleza**
nonfiction .... **libros de temas reales**
novels .... **novelas**
poetry .... **libros de poesía**
science .... **libros de ciencia**
science fiction .... **libros de ciencia-ficción**
social science .... **libros de ciencias sociales**
space .... **libros de temas del espacio**
sports .... **libros de deportes**
zoology .... **libros de zoología**

Sports and Playground Terminology
Terminología de Deportes y del Campo de Juego

athlete(s) .... **el (los) atleta(s)**
athletic ability .... **la habilidad atlética**
auditorium .... **el auditorio**
batter .... **el bateador**

captain ..... **el capitán**
ceremony, opening ..... **la ceremonia de apertura**
champion(s) ..... **el campeón (los campeones)**
championship ..... **el campeonato**
coach ..... **el entrenador**
coaching staff ..... **los entrenadores asistentes**
cross-country ..... **el campo a través**
defeat ..... **la derrota**
fence ..... **el cercado de alambre; el cerco**
field ..... **el campo; la cancha**
fitness ..... **el buen estado**
gym ..... **el gimnasio**
laps ..... **las vueltas**
league ..... **la liga**
league, little ..... **la liga juvenil**
league title ..... **el título de la liga**
locker room ..... **el vestuario**
physical education ..... **la educación física**
player(s) ..... **el (los) jugador(es)**
playground ..... **el patio (el área) de recreo; el campo de juego**
playground rules ..... **las reglas del campo de juego**
point(s) ..... **el (los) punto(s)**
practice ..... **la práctica**
practice, to ..... **practicar**
recess ..... **el recreo**
recreation program ..... **el programa de recreación**
runner ..... **el corredor**
score ..... **tanteo**
score, to ..... **marcar tantos**
season ..... **la temporada**
sports event ..... **el evento deportivo**
sports field ..... **el campo de deportes**
stadium ..... **el estadio**
team ..... **el equipo**
team captain ..... **el capitán del equipo**
title ..... **el título**
train, to ..... **entrenar**
training ..... **el entrenamiento**
training rules ..... **las reglas del entrenamiento**
trophy ..... **el trofeo**
umpire ..... **el árbitro**
victory ..... **la victoria**
win, to ..... **ganar**
winning ..... **ganando**

Sports Activities and Athletic Events
Deportes y Eventos Atléticos

athletics, school .... **el atletismo escolar**
baseball .... **el béisbol**
basketball .... **el baloncesto; el básquetbol**
boxing .... **el boxeo**
competition, athletic .... **la competició atlética**
contest, athletic .... **la competición; la prueba atlética**
event .... **el evento**
field hockey .... **el hockey sobre la hierba**
football .... **el fútbol americano**
game(s) .... **el (los) juegos**
golf .... **el golf**
gymnastics .... **la gimnasia**
hopscotch .... **el avión; la rayuela**
jog-a-thon .... **el maratón del trote corto**
karate .... **el karate**
marathon .... **el maratón**
match .... **el partido**
motivational meet .... **el encuentro para motivar**
physical fitness test .... **el examen de aptitud física**
pull-ups .... **los ejercicios de "pull-ups"**
racquetball .... **el rácquetbol**
relay(s) .... **la carrera de relevos**
run-a-thon .... **el maratón de carreras**
run-walk .... **el correr-andar**
sit-ups .... **los ejercicios de "sit-ups"**
soccer .... **el fútbol**
softball .... **el sóftbol**
Special Olympics .... **Las Olimpíadas Especiales**
sport, competitive .... **el deporte de competición**
sport(s) .... **el (los) deporte(s)**
sports, contact .... **los deportes de contacto**
sports event .... **el evento deportivo**
sports program .... **el programa deportivo**
swimming .... **la natación**
team sports .... **los deportes de equipos**
tennis .... **el tenis**
tournament .... **el torneo**
track and field .... **campo y pista**
volleyball .... **el vólibol**

water polo .... **el waterpolo**
weight lifting .... **el levantamiento de pesas**
wrestling .... **la lucha libre**

Equipment--El Equipo

ball .... **la pelota**
bars .... **las barras**
base(s) .... **la(s) base(s)**
bat .... **el bate**
beam .... **el balancín**
bench .... **el banco**
equipment .... **el equipo**
jump rope .... **el saltador; la comba; el lazo de brincar; la pita de saltar**
net .... **la red**
racquet .... **la raqueta**
rings .... **los anillos**
sandbox .... **la caja de arena; el cajón de arena para juegos infantiles**
slide .... **el resbaladero**
swings .... **los columpios**
teeter-totter .... **el sube y baja**
wagon .... **el vagón; el carrito**
weights .... **las pesas**

School Activities--Actividades Escolares

academic decathlon team .... **el equipo del decatlón académico**
activities, extracurricular .... **actividades extraescolares**
activities, off campus .... **las actividades fuera del recinto escolar**
assembly (assemblies) .... **la asamblea (las asambleas)**
Associated Student Body .... **la Asociación Estudiantil**
Associated Student Body members .... **los miembros de la Asociación Estudiantil**
auction .... **la subasta**
Back to School Night .... **La Noche del Regreso a la Escuela**
band (beginning, intermediate) .... **la orquesta (principiantes, nivel intermedio)**
band camp .... **el campamento de orquesta**
band, regimental .... **la orquesta de uniforme**
banquet .... **el banquete**

book fair .... **la feria de libros**
booster club .... **el club de aficionados**
career day .... **el día de las carreras**
carnival .... **el carnaval**
cheerleading .... **el dirigir a los aficionados**
choir .... **el coro; la coral**
chorus .... **el coro**
club(s) .... **el club (los clubs)**
competition(s) .... **la competición (las competiciones)**
competition, class .... **la competición entre clases**
concert .... **el concierto**
contest(s) .... **el concurso (los concursos)**
costume contest .... **el concurso de disfraces**
dance .... **el baile**
debating .... **el debate**
drama .... **el drama**
dress up day .... **el día de vestir de manera peculiar**
drill team .... **el equipo de desfile; el equipo de hacer la instrucción**
election .... **la elección**
elections, student body .... **las elecciones para la asociación estudiantil**
festival .... **el festival**
field trip .... **la excursión educativa**
forensics .... **los debates**
fund-raiser .... **la actividad para recaudar fondos**
Future Farmers of America .... **Los Futuros Agricultores de América**
game(s) .... **el juego (los juegos)**
Halloween parade .... **el desfile de Halloween**
holiday program .... **el programa festivo**
homecoming day (week) .... **el día (la semana) de "Homecoming"**
intermurals .... **los entremurales; los juegos entre instituciones**
international club .... **el club internacional**
Invention Convention .... **La Convención de Inventores**
jog-a-thon .... **el maratón del trote corto**
leadership conference .... **la conferencia sobre liderato**
leadership training .... **el entrenamiento para liderato**
lessons, music .... **las lecciones de música**
library day .... **el día de la biblioteca**
magazine drive .... **la venta de revistas**
music, instrumental .... **la música instrumental**

music, vocal .... **la música vocal**
newspaper, school .... **el periódico de la escuela**
Open House .... **La Visita Anual a los Salones de Clase**
peer counseling .... **el programa de consejeros de iguales**
pep rally .... **la asamblea para infundir aliento**
performance .... **la función**
picnic .... **la excursión campestre**
pictures, class .... **las fotos de la clase**
pictures, school .... **las fotos de los estudiantes tomadas en la escuela**
play .... **la obra de teatro**
program .... **el programa**
prom .... **el baile de graduación**
raffle .... **la rifa**
safety patrol .... **la patrulla estudiantil de seguridad**
sale, bake .... **la venta de productos del horno**
sale, candy .... **la venta de dulces**
science fair .... **la feria de la ciencia**
service club .... **el club de servicio**
service project .... **el proyecto del club de servicio**
show (stage) .... **el espectáculo**
show and tell .... **mostrar y decir**
Special Olympics .... **Las Olimpíadas Especiales**
spelling bee .... **el concurso de ortografía; el certamen de deletreo**
sports .... **los deportes**
student council .... **el consejo estudiantil; la junta de estudiantes**
student store .... **la tienda de los estudiantes**
teacher appreciation week .... **la semana de estimación al maestro**
tutoring, peer .... **las clases particulares enseñado por iguales**
walk-a-thon .... **el maratón de la caminata**
yearbook .... **el anuario**

Parent Organizations
Organizaciones para los Padres de Familia

Bilingual Education Advisory Committee .... **El Comité Asesor de la Educación Bilingüe**
Parent Teacher Association .... **La Asociación de Padres y Maestros**
Parent Teacher Organization .... **La Organización de Padres y Maestros**
School Site Council .... **El Consejo de la Escuela**
Special Education Advisory Committee .... **El Comité Asesor de la Educación Especial**

Bus Transportation
Transporte en el Autobús Escolar

bus fee .... **la tarifa de transporte**
bus misconduct referral .... **la referencia de mala conducta en el autobús**
bus pass, annual .... **los pases de autobús con validez de un año**
bus pass application .... **la solicitud para obtener pases de autobús escolar**
bus pass, free .... **el pase gratis de autobús**
bus, regularly scheduled .... **el autobús de ruta fija**
bus riding privileges .... **el privilegio de viajar en el autobús escolar**
bus, school .... **el autobús escolar**
bus service .... **el servicio de autobús**
bus stop(s), school .... **la(s) parada(s) del autobús escolar**
bus transportation .... **el transporte en autobús**
busing area, prescribed .... **el área normal de transporte**
conduct on the bus .... **la conducta en el autobús**
destination .... **el destino**
district transportation department .... **el departamento de transporte del distrito**
driver, school bus .... **el (la) conductor(a) del autobús escolar**
drop-off point .... **el lugar para apearse del autobús**
emergency exit .... **la salida de emergencia**

exempt from transportation fee .... **exento de pagar por el transporte escolar**
fee per ride .... **el pago por un billete de autobús**
front of the bus .... **el frente del autobús**
inability to pay .... **la falta de recursos para pagar**
inside the bus .... **dentro del autobús**
line up to load, to .... **hacer cola para subir**
outside the bus .... **fuera del autobús**
pick up time .... **la hora de recogida**
pick up location .... **el lugar de recogida**
railroad track crossings .... **el cruce de ferrocarril**
routes .... **las rutas**
safe trip .... **el viaje seguro; el viaje sin contrariedades**
seats, assigned .... **los asientos reservados**
ticket .... **el boleto; el billete; el tique**
tickets, single ride .... **los libritos de pasajes individuales**
transportation, denial of .... **la denegación del permiso de transporte**
transportation office .... **el departamento de transporte**
transportation, pupil .... **el transporte de estudiantes**
transportation, school district .... **el transporte escolar**
unsafe actions .... **los actos que ponen la seguridad en peligro**
violation of safety rules .... **la violación de las reglas de seguridad**
walking distances .... **las distancias normales de ir a pie**

Breakfast and Lunch Program
El Programa de Desayunos y Almuerzos

cafeteria worker .... **el (la) trabajador(a) de la cafetería**
child nutrition program .... **el programa de alimentos para niños**
eligibility application .... **la solicitud de elegibilidad**
food services department .... **el departamento de servicios de alimentos**
food stamps .... **las estampillas para alimentos**
guidelines, nutritional .... **las guías de nutrición**
lunch (breakfast) price .... **el precio del almuerzo (del desayuno)**
lunch money .... **el dinero para comprar el almuerzo**
meals, free .... **las comidas gratis**

meals, low cost .... **las comidas de precios bajos**
meals, nutritious .... **las comidas nutritivas**
meals, reduced price .... **las comidas a precio reducido**
prepaid lunch program .... **el programa de almuerzos pagados por adelantado**
price .... **el precio**
regulations, government .... **las reglamentaciones gubernamentales**
school breakfast and lunch program .... **el programa de desayunos y almuerzos escolares**
school nutrition program .... **el programa de nutrición escolar**

Cafeteria Terminology
Terminología Util en la Cafetería

bench .... **el banco**
breakfast .... **el desayuno**
cafeteria .... **la cafetería**
cup .... **la taza**
food .... **la comida**
fork .... **el tenedor**
knife .... **el cuchillo**
line .... **la cola**
lunch .... **el almuerzo; la comida del mediodía**
lunch bag .... **la bolsa del almuerzo**
lunch box .... **la cajita del almuerzo**
lunch, free .... **las comidas gratis; el almuerzo gratis**
lunch money .... **el dinero para el almuerzo**
lunch, reduced price .... **las comidas (el almuerzo) a precio reducido**
lunch table .... **la mesa del almuerzo**
lunch ticket .... **el boleto para el almuerzo**
lunch time .... **la hora del almuerzo**
milk .... **la leche**
milk carton .... **el cartón de la leche**
napkin .... **la servilleta**
papers .... **los papeles**
peelings .... **las cáscaras**
plate .... **el plato**
silverware .... **los cubiertos**

spoon .... **la cuchara**
straw .... **el popote; la pajilla; la bombilla**
thermos .... **el termos**
trash can .... **el bote para la basura; el basurero**
tray .... **la bandeja; la charola**

Cafeteria Verbs--Verbos Utiles en la Cafetería

ask for .... **pedir**
buy .... **comprar**
chew .... **masticar**
clean .... **limpiar**
drink .... **beber**
eat .... **comer**
go (away) .... **ir(se)**
hold, to .... **sostener; agarrar**
pick up .... **coger; recoger**
purchase .... **comprar**
push .... **empujar**
put .... **poner**
quarrel .... **pelearse; reñir; disputar**
quiet (down) .... **tranquilizar(se); dejar de hacer ruido**
quiet (to keep) .... **callar(se); estarse callado**
run .... **correr**
sit down .... **sentar(se)**
spill .... **derramar**
stand up .... **levantarse; ponerse de pie; pararse**
start .... **comenzar; empezar**
stay .... **quedar(se); permanecer**
talk .... **hablar; platicar; charlar**
throw .... **tirar**
wait .... **esperar**
walk .... **caminar**
want .... **querer**

Restroom Terminology
Terminología Util en el Cuarto de Baño

clean up .... **limpiar**
faucet .... **el grifo; la llave del agua**
floor .... **el suelo; el piso**
flush, to .... **tirar de la cadena; tirar de la cisterna**
paper towel .... **la toalla de papel**
sink .... **el lavabo; el lavamanos**
soap .... **el jabón**
toilet .... **el retrete; el excusado (Mex.)**
toilet paper .... **el papel higiénico**
trash can .... **el bote de la basura; el basurero; la basura**
urinal .... **el urinario; el urinal**
wash, to .... **lavar**
water .... **el agua**

Student Characteristics, Behavior and Discipline

Characteristics and Behaviors of Students
Las Características y Comportamientos de los Alumnos

abnormal .... **anormal**
adept .... **experto(a); perito(a)**
aggressive .... **agresivo(a); ofensivo(a)**
alert .... **listo(a); alerto(a); vivo(a); despierto(a)**
antisocial .... **antisocial**
anxious .... **ansioso(a); inquieto(a)**
attentive .... **atento(a)**
babyish .... **aniñado(a); infantil**
bashful .... **tímido(a); vergonzoso(a)**
bright .... **listo(a); inteligente**
calm .... **tranquilo(a); quieto(a)**
cheerful .... **alegre**
childish .... **aniñado(a)**
creative .... **creativo(s)**
dependent .... **dependiente**
disorderly .... **desordenado(a); escandaloso(a)**
distracted, easily .... **fácilmente distraído(a)**
fidgety .... **inquieto(a); nervioso(a)**
follower .... **seguidor(a); imitador(a)**
forgetful .... **olvidadizo(a); descuidado(a)**
gifted .... **talentoso(a); muy inteligente**
high strung .... **tenso(a); impresionable**
hypersensitive .... **hipersensible; muy sensible**
illiterate .... **analfabeto(a)**
inattentive .... **desatento(a)**
insecure .... **inseguro(a)**
intelligent .... **inteligente**
intent .... **intento**
interested .... **interesado(a)**
introverted .... **introvertido(a)**
literate .... **instruido(a); que sabe leer y escribir**
lively .... **animado(a); vivo(a)**
moody .... **malhumorado(a)**
naughty .... **desobediente; pícaro(a)**
noisy .... **ruidoso(a)**
non-conformist .... **disidente**

normal .... normal
obstinate .... obstinado(a); terco(a); rebelde
overbearing .... altanero(a); imperioso(a); autoritario(a)
proficient .... hábil; diestro(a); competente
quiet .... quieto(a); callado(a); silencioso(a)
reluctant .... renuente; maldispuesto(a)
reserved .... introvertido(a)
responsible .... responsable
restless .... intranquilo(a)
retarded (mentally) .... retrasado(a) mental
rude .... grosero(a); brusco(a); rudo(a)
self-conscious .... cohibido(a); tímido(a); apocado(a)
sensitive .... sensible
shy .... tímido(a)
sickly .... enfermizo(a)
slow to move .... lento(a) para moverse
slow to understand .... lerdo(a)
small (stature) .... bajo(a)
smart .... listo(a); inteligente
solitary .... solitario(a)
studious .... estudioso(a)
successful .... exitoso(a); que tiene éxito
suicidal .... suicida
talented .... talentoso(a)
talkative .... hablador(a); locuaz
temperamental .... temperamental
underprivileged .... desvalido(a); desamparado(a); desafortunado(a)
unruly .... ingobernable; indómito(a)
violent .... violento(a)

Vocabulary for Students with Special Needs
Terminología para Alumnos con Necesidades Especiales

aptitude .... la aptitud
assessment .... la evaluación; la estimación
attention deficit disorder .... el síndrome de falta de atención
attention span .... la duración de prestar atención
attention span, lack of .... la falta de atención; el lapso de atención
auditory problems .... los problemas auditorios

capacity .... **la capacidad**
counseling .... **el asesoramiento**
creative, highly .... **muy creativo(a)**
daydream, to .... **soñar despierto**
deformity .... **la deformidad**
dexterity .... **la destreza**
difficulty .... **la dificultad**
disability .... **la inhabilidad; la incapacidad**
disadvantage .... **la desventaja**
disturbance .... **el alboroto**
dominant .... **dominante**
emotional state .... **el estado emocional**
evaluation .... **la evaluación**
gifted .... **inteligente; talentoso(a)**
handicapped .... **impedido(a)**
identification .... **la identificación**
inappropriate .... **impropio**
inattention .... **la desatención**
individual educational plan .... **el programa educativo individualizado**
intelligent, highly .... **muy inteligente**
intervention .... **la intervención**
learning problem .... **el problema de aprendizaje**
lip reading .... **el leer los labios; la labiolectura**
loss of thought .... **la pérdida de pensamiento**
memory, visual .... **la memoria visual**
moods .... **los accesos de mal humor**
motor sensory functioning .... **el funcionamiento motorsensorio**
needs, exceptional .... **las necesidades excepcionales**
neurosis .... **la neurosis**
outburst .... **el arrebato de cólera; una explosión de cólera**
physical problems .... **los problemas físicos**
program, individualized .... **el programa individualizado**
psycho-linguistic .... **sicolingüístico(a); psicolingüístico(a)**
psychological .... **psicológico**
qualify, to .... **calificar**
reassessment .... **la reevaluación**
review, annual .... **la revista anual**
review, triennial .... **la revista trienal**
screening test .... **el examen de selección**
self-control .... **el dominio de sí mismo**
self-discipline .... **la autodisciplina**

spatial .... **espacial**
speech clinic .... **la clínica del habla (del lenguaje)**
speech correction .... **la rehabilitación del habla**
speech impediment .... **el impedimento del habla**
speech therapy .... **la terapia del habla**
stutter, to .... **tartamudear**
tutoring .... **las clases particulares**
la ayuda individual
weakness(es) .... **la(s) debilidad(es)**

General Terminology - Discipline and Student Behavior

La Terminología General - Disciplina y Comportamiento Estudiantil

behavior (good, bad) .... **el comportamiento (bueno, malo)**
choices (appropriate, inappropriate) .... **las decisiones (adecuadas; no adecuadas)**
citizenship (good, poor) .... **la conducta (buena, mala)**
civil authorities .... **las autoridades civiles**
code of conduct .... **el código de conducta**
conduct, student .... **la conducta estudiantil**
conference request .... **la petición de conferencia**
consequences (positive, negative) .... **las consecuencias (positivas, negativas)**
counsel, to .... **aconsejar**
discipline .... **la disciplina**
discipline, to .... **disciplinar**
disturbance .... **el alboroto**
drop out of school, to .... **abandonar la escuela; dejar la escuela**
dropout, school .... **el (la) estudiante que abandonó (dejó) la escuela**
dropout rate .... **el porcentaje de los que abandonan (dejan) la escuela**
drug culture .... **la cultura de las drogas**
finish one's work, to .... **terminar la tarea**
follow directions, to .... **seguir las instrucciones; obedecer las instrucciones**
gang(s) .... **la(s) pandilla(s)**

gang affiliation .... **la asociación con pandillas**
gang member .... **el pandillero**
gang prevention program .... **el proyecto anti-pandillas; el proyecto de prevención de pandillas**
habits (good, bad) .... **los hábitos (buenos, malos)**
hall pass .... **el pase oficial**
infraction, serious .... **la infracción seria**
juvenile hall .... **el centro de detención de menores**
negative consequences .... **las consecuencias negativas**
non-conformist .... **el (la) disidente**
obey, to .... **obedecer**
on time, to arrive .... **llegar a tiempo**
permission .... **el permiso**
police .... **la policía**
prohibited behavior .... **el comportamiento prohibido**
prohibited on school grounds .... **prohibido en terreno de la escuela; prohibido en el recinto escolar**
property of others .... **la propiedad ajena**
property, public .... **la propiedad pública**
punishment (corporal) .... **el castigo (corporal)**
respectful, to be .... **respetar**
responsible, financially .... **responsable económicamente**
rules, school .... **las reglas de la escuela**
tagger .... **el que ilegalmente pinta en los lugares públicos**
tardy bell .... **la campana de comienzo de clases**
violation (minor, major) .... **la infracción (poco grave, muy grave)**
work habits, poor .... **los malos hábitos de trabajo**

Prohibited Behaviors
Comportamientos Prohibidos

abuse, verbal .... **el abuso verbal**
abusive language .... **el lenguaje abusivo**
act(s), obscene .... **el (los) acto(s) indecente(s)**
annoy other students, to .... **irritar a otros niños**
assault, physical .... **la agresión física**
assault, verbal .... **la agresión verbal**
damage, to .... **dañar; estropear**
dangerous activities .... **las actividades peligrosas**
deface, to .... **desfigurar, deteriorar**

defacement .... **la desfiguración; el deterioro**
defiance of authority .... **el desafío a la autoridad**
defy authority, to .... **desafiar a la autoridad**
destroying school property .... **la destrucción de pertenencias de la escuela**
destructive activities .... **las actividades destructivas**
disorderly conduct .... **la conducta desordenada**
disobedience .... **la desobediencia**
disobey, to .... **desobedecer**
disrespect, to show .... **faltar al respeto**
disrespectful .... **irrespetuoso(a)**
disrespectful, to be .... **ser irrespetuoso(a)**
disrupt, to .... **interrumpir; trastornar; entorpecer**
disruption .... **el entorpecimiento; la interrupción; el trastorno**
disruption, deliberate classroom .... **la deliberada interrupción de la clase**
disturb, to .... **perturbar**
disturbance, to create .... **crear un alboroto**
drink alcohol, to .... **beber alcohol; tomar alcohol**
drinking alcohol .... **bebiendo alcohol; tomando alcohol**
drug abuse .... **el abuso de las drogas**
drugs, to use .... **usar drogas**
fight, to .... **pelear**
fighting .... **el pelearse; la lucha**
fistfight .... **la pelea a puñetazos**
gamble, to .... **apostar**
gambling .... **los juegos de apuestas; los juegos del azar**
gang activity .... **la actividad de pandillas**
gestures (inappropriate, obscene) .... **los gestos (inapropiados, obscenos)**
gestures, to make .... **hacer gestos**
graffiti .... **el grafito (los grafitos)**
hit, to .... **pegar**
hitting .... **golpeando; pegando**
ignore instructions, to .... **ignorar las instrucciones**
improper use of equipment .... **el uso inadecuado del equipo**
injure, to .... **dañar**
injury, physical .... **el daño físico**

leave without permission, to .... salir sin permiso
lewd behavior .... el comportamiento obsceno
lie, to .... mentir
loitering, to be .... holgazanear; estar parado sin motivo; estar callejeando
losing school property .... el perder pertenencias de la escuela
lying .... mintiendo
obscene act(s) .... el (los) acto(s) obsceno(s)
possess . . . , to .... la posesión de . . . , el tener . . .
possession, illegal .... la posesión ilegal
possession of alcohol, tobacco or drugs .... la posesión de alcohol, tabaco o drogas
profanity (habitual) .... el decir palabras obscenas (por costumbre)
racially derogatory remarks .... los comentarios racistas
racist slur .... dichos racistas
roughhousing .... el portarse bruscamente
smoke, to .... fumar
smoking .... el fumar; fumando
spitting .... el escupir; escupiendo
steal, to .... robar
stealing .... el robar; robando
suggestive statements .... los comentarios sugestivos
swear, to .... jurar; decir malas palabras
swearing .... diciendo malas palabras
threaten, to .... amenazar
throw objects, to .... arrojar objetos; tirar objetos
throwing rocks .... el tirar piedras; tirando piedras
under the influence .... bajo la influencia
use of alcohol, tobacco or drugs .... el uso del alcohol, tabaco, o drogas
use, to .... usar
using bad language .... el uso de lenguaje grosero
vandalism .... el vandalismo
violation of school policy .... la infracción de las reglas escolares
vulgar behavior .... el comportamiento vulgar; el comportamiento soez
vulgarity .... las groserías

Articles and Objects Not Allowed on School Grounds

Artículos y Objetos No Permitidos en la Escuela

alcoholic beverages .... **las bebidas alcohólicas**
betel .... **el betel**
cigarettes .... **los cigarrillos**
controlled substance .... **una substancia controlada**
drugs .... **las drogas**
explosives .... **los explosivos**
firearm(s) .... **el arma de fuego; las armas de fuego**
firecrackers .... **los cohetes; los petardos**
gang apparel .... **la ropa usada por las pandillas**
gun(s) .... **el (los) arma(s) de fuego**
intoxicants .... **lo que produce embriaguez; lo que intoxica**
knife .... **la navaja; el cuchillo**
narcotics .... **los narcóticos**
pressurized cans .... **las latas de esprey; las latas de atomizador**
property, stolen .... **la propiedad robada**
skateboard .... **el patinete; el monopatín**
snuff .... **el tabaco en polvo**
spray paints .... **las pinturas de esprey; las pinturas de atomizador**
tobacco .... **el tabaco**
tobacco, smokeless chew packets .... **paquetitas del tabaco sin humo; paquetitas de mascar**
weapons .... **las armas**
weapons, toy .... **las armas de juguete**

Consequences of Inappropriate Behavior

Las Consecuencias del Comportamiento Inadecuado

conference, parent .... **la conferencia con los padres**
confiscate, to .... **confiscar**
detention (after school, Saturday) ... **la detención (después de horas de clase, los sábados)**
disciplinary action, severe .... **la acción disciplinaria severa**
expulsion .... **la expulsión**
file, to place information in a student's .... **poner información en el archivo del estudiante**
liable, financially .... **responsable económicamente**
notice of bad conduct .... **el aviso de mala conducta**
notification of parents .... **la notificación a los padres**
recess, loss of .... **la pérdida del tiempo de recreo**
referred to the office, to be .... **ser referido(a) a la oficina**
rehabilitation program .... **el programa de rehabilitación**
Saturday school attendance .... **la asistencia a la escuela de los sábados**
suspended, to be .... **estar suspendido; estar bajo suspensión**
suspension, notice of .... **la noticia de suspensión**
warning (verbal, written) .... **la advertencia (de palabra, escrita)**

Substance Abuse Terminology

La Terminología del Abuso de Substancias Controladas

acid .... **el ácido**
addict .... **el (la) adicto(a); el (la) toxicómano(a)**
addicted, to become .... **enviciarse con; entregarse a; depender de**
addiction .... **la adicción**
alcohol .... **el alcohol**
alcoholic .... **el (la) alcohólico(a)**
angel dust .... **el polvo del ángel**
arrest, to .... **detener; arrestar; apresar**
cigarettes .... **los cigarrillos**

cocaine .... **la cocaína; la coca**
dope .... **el narcótico**
drinker .... **el (la) bebedor(a)**
drink, to .... **beber; tomar**
drug addict .... **el (la) toxicómano(a); el (la)drogadicto(a)**
drug addiction .... **la toxicomanía**
drug education .... **la educación sobre las drogas**
drug habit .... **el vicio de los narcóticos**
drug traffic .... **el tráfico de drogas**
drugs, dangerous .... **las drogas peligrosas**
drugs, to be mixed up in .... **meterse en el mundo de las drogas**
drunk driving .... **conducir en estado de embriaguez**
drunk driving, to be arrested for ..... **ser detenido(a) por conducir en estado de embriaguez**
drunkenness .... **la embriaguez; la borrachera**
drunk, to be .... **emborracharse; estar borracho(a)**
hangover .... **la cruda; la resaca**
hangover, to have a .... **tener la cruda; tener resaca**
heroin .... **la heroína**
heroin user .... **el que usa heroína**
inject, to .... **inyectar**
injection .... **la inyección**
intoxicated, to become .... **embriagarse; emborracharse**
liquor .... **el licor**
marijuana .... **la mariguana**
narcotics .... **los narcóticos**
overdose .... **la dosis excesiva**
pass out, to .... **desmayarse**
PCP .... **el polvo del ángel**
pep pill .... **el estimulante**
pot .... **la mariguana**
sleeping pills .... **las píldoras para dormir**
smoke, to .... **fumar**
sniff, to .... **sorber por las narices**
steroids .... **los esteroides**
stimulant .... **el estimulante**
substance, controlled .... **la substancia controlada**
use of tobacco (alcohol, narcotics) ... **el uso del tabaco (alcohol, de los narcóticos)**
withdrawal symptoms .... **el síndrome de la abstinencia**

School Terminology in Alphabetical Order

A

abacus .... **el ábaco**
abandoned .... **abandonado(a)**
abbreviation .... **la abreviatura; la abreviación**
abdominal pain .... **el dolor abdominal;**
el dolor del abdomen
abdominal problems .... **los problemas abdominales**
ability, average .... **la capacidad regular;**
la capacidad media
ability, intellectual .... **la habilidad intelectual**
ability, to have .... **tener la habilidad;**
tener la capacidad
ability to learn .... **habilidad de aprender**
able, to be .... **poder**
abnormal .... **anormal**
abortion .... **el aborto**
abrasion(s) .... **la abrasión (las abrasiones)**
abscess .... **el absceso**
absence .... **la ausencia**
absences, excessive .... **las ausencias excesivas**
absence verification .... **la verificación de ausencias**
absent, to be .... **estar ausente**
abuse .... **el maltrato; el abuso; la injuria**
abuse, to .... **maltratar a; abusar de; injuriar a**
abuse, sexual .... **el abuso sexual**
abuse, suspected .... **el abuso sospechado**
abuse, verbal .... **el abuso verbal**
abusive .... **abusivo(a); injurioso(a); insultante**
abusive language .... **el lenguaje abusivo**
academic decathlon .... **el decatlón académico**
academic decathlon team .... **el equipo del decatlón académico**
academic department .... **el departamento académico**
accent .... **el acento**
access .... **el acceso**
accident .... **el accidente**
accusation .... **la acusación**
accuse, to .... **acusar**
ache .... **el dolor**
achieve, to .... **llevar a cabo; lograr; ganar**
achievement .... **el éxito; el logro**
achievement, academic .... **el logro académico**
acid .... **el ácido**
act, obscene .... **el acto indecente**

activities, enrichment .... **las actividades de enriquecimiento**
activities, extracurricular .... **actividades extraescolares**
activities, off campus .... **las actividades fuera del recinto escolar**
activity .... **la actividad**
acute angle .... **el ángulo agudo**
acute state .... **el estado grave**
add, to .... **sumar**
addend .... **el sumando**
addict .... **el (la) adicto(a); el (la) toxicómano(a)**
addicted, to become .... **enviciarse con; entregarse a; depender de**
addiction .... **la adicción**
addition .... **la suma; la adición**
address .... **la dirección; el domicilio**
adept .... **experto(a); perito(a)**
adequate .... **suficiente; adecuado(a)**
adjective .... **el adjetivo**
administration by inhalation .... **la administración por inhalación**
administration of medication .... **la administración de la medicina**
administration, oral .... **la administración oral**
administration, topical .... **la administración tópica**
administration, school .... **la administración escolar**
administrator, district .... **el (la) administrador(a) del distrito**
administrator, school .... **el (la) administrador(a) escolar**
adopted .... **adoptado(a)**
adopted child .... **un niño adoptado**
adoptive parents .... **los padres adoptivos**
adult(s) .... **el (los) adulto(s)**
adverb .... **el adverbio**
advisor .... **el (la) consejero(a)**
advisory committee .... **el comité asesor**
advisory group .... **el grupo asesor**
affliction .... **la aflicción**
afraid, to be .... **tener miedo; temer**
age .... **la edad**
age, chronological .... **la edad cronológica**
age, mental .... **la edad mental**
agency .... **la agencia**
aggressive .... **agresivo(a); ofensivo(a)**
aid, financial .... **la ayuda económica**
aide (teacher's) .... **el (la) ayudante del maestro; el (la) asistente del maestro**

AIDS (Acquired Immune Deficiency Syndrome) .... **SIDA (Síndrome de Inmunodeficiencia Adquirida)**
ailing .... **enfermo(a); achacoso(a)**
ailment .... **la enfermedad; el achaque**
alcohol .... **el alcohol**
alcohol, use of .... **el uso del alcohol**
alcoholic .... **el (la) alcohólico(a)**
alcoholic beverages .... **las bebidas alcohólicas**
alert .... **listo(a); alerto(a); vivo(a); despierto(a)**
algebra .... **el algebra**
algorithm .... **el algoritmo**
all .... **todo(s)**
allergy .... **la alergia**
alphabet .... **el alfabeto; el abecedario**
alphabetical order .... **el orden alfabético**
alphabetize, to .... **colocar en orden alfabético**
alternative school .... **la escuela alternativa**
Alternative School Program .... **El Programa Alternativo Escolar**
American history .... **la historia americana; la historia de América**
analysis .... **el análisis**
anemia .... **la anemia**
angel dust .... **el polvo del ángel**
angina pectoris .... **la angina de pecho**
angle .... **el ángulo**
ankle, twisted .... **el tobillo torcido**
annotate, to .... **anotar**
announcement .... **el anuncio; el aviso**
annoy other students, to .... **irritar a otros niños**
anorexia .... **la anorexia**
answer .... **la respuesta**
answer key .... **la clave**
answer, to .... **contestar**
antisocial .... **antisocial**
antonym .... **el antónimo**
anxiety .... **la ansiedad**
anxious .... **ansioso(a); inquieto(a)**
apostrophe .... **el apóstrofe**
appendicitis .... **la apendicitis**
appetite (poor) .... **no tener apetito**
application form .... **la solicitud; el impreso de solicitud**

application (to enroll) .... **la solicitud (para matricularse)**
appointment .... **la cita**
apprehensive .... **aprensivo(a); temeroso(a)**
approval, parental .... **la aprobación de los padres**
approval (written) .... **la aprobación (por escrito)**
approximation .... **la aproximación**
aptitude .... **la aptitud**
arc .... **el arco**
area .... **el área**
arithmetic .... **la aritmética**
arrest, to .... **detener; arrestar; apresar**
arrive on time, to .... **llegar a tiempo**
art .... **el arte**
article .... **el artículo**
artwork .... **los dibujos**
ask for, to .... **pedir**
ask, to .... **preguntar**
assault, physical .... **la agresión física**
assault, sexual .... **el asalto sexual**
assault, verbal .... **la agresión verbal**
assembly (assemblies) .... **la asamblea (las asambleas)**
assess, to .... **evaluar; estimar**
assessment .... **la evaluación; la estimación**
assessment, preliminary .... **el examen preliminar**
assign .... **asignar**
assignment .... **la lección; la tarea**
assignment (class, track) .... **el horario (de clase, del año continuo)**
assignments, completed .... **las tareas terminadas**
assignments, incomplete .... **las tareas no terminadas**
assist, to .... **ayudar; asistir**
associate .... **asociar**
Associated Student Body .... **la asociación estudiantil**
Associated Student Body members .... **los miembros de la asociación estudiantil**
associative .... **asociativo(a)**
asthma .... **el asma**
asthmatic .... **asmático(a)**
astronomy .... **la astronomía**
athlete's foot .... **el pie de atleta**
athlete(s) .... **el (los) atleta(s)**
athletic ability .... **la habilidad atlética**
athletics, school .... **el atletismo escolar**

attend, to .... **asistir**
attendance card .... **la tarjeta de asistencia**
attendance, daily .... **la asistencia diaria**
attendance, dates of .... **las fechas de asistencia**
attendance, perfect .... **la asistencia perfecta; el no haber nunca estado ausente**
attendance policy .... **las reglas de asistencia a la escuela**
attendance, previous school .... **la asistencia escolar previa**
attention deficit disorder .... **el síndrome de falta de atención**
attention, medical .... **la atención del médico**
attention span .... **la duración de prestar atención**
attention span, lack of .... **la falta de atención; el lapso de atención**
attentive .... **atento(a)**
auction .... **la subasta**
audio book(s) .... **lo(s) libro(s) auditivo(s)**
audiocassettes .... **los casetes**
auditorium .... **el auditorio**
auditory problems .... **los problemas auditorios**
aunt .... **la tía**
authorities, civil .... **las autoridades civiles**
autobiography .... **la autobiografía**
average .... **el promedio**
average, above .... **superior al promedio; mejor que el promedio; superior a la media**
average, below .... **inferior al promedio; peor que el promedio**
aware, to become .... **enterarse de**
axis .... **el eje**

B

baby .... **el (la) bebé**
baby-sitter .... **la niñera; la persona que cuida a los niños**
babyish .... **aniñado(a); infantil**
Back to School Night .... **La Noche del Regreso a la Escuela**
backache .... **el dolor de espalda**
backpack .... **la mochila**
ball .... **la pelota**
band (beginning, intermediate) .... **la orquesta (principiantes, nivel intermedio)**
band camp .... **el campamento de orquesta**
band, regimental .... **la orquesta de uniforme**

banquet .... **el banquete**
baptismal certificate .... **el certificado de bautismo**
bar code .... **el código de barras**
bar graph .... **la gráfica de barras**
bars .... **las barras**
baseball .... **el béisbol**
base(s) .... **la(s) base(s)**
bashful .... **tímido(a); vergonzoso(a)**
basic combinations .... **las combinaciones básicas**
basketball .... **el baloncesto; el básketbol**
bat .... **el bate**
bathroom .... **el cuarto de baño; el servicio; el baño**
batter (baseball player) .... **el bateador**
beads .... **las cuentas**
beam .... **el balancín**
bee sting (wasp sting) .... **la picadura de abeja (avispa)**
begin, to .... **comenzar; empezar**
behave, to .... **conducirse; comportarse**
behavior .... **la conducta; el comportamiento**
behavior, criminal .... **la conducta criminal**
behavior (good, bad) .... **el comportamiento (bueno, malo)**
behavior, prohibited .... **el comportamiento prohibido**
behavior, vulgar .... **el comportamiento vulgar; el comportamiento soez**
bell .... **la campana; la campanilla**
bell, opening .... **la campana para empezar clases**
bell, passing .... **la campana para seguir a la próxima clase**
bell, tardy .... **la campana que indica tardanza**
bench .... **el banco**
betel .... **el betel**
bilingual education .... **la educación bilingüe**
Bilingual Education Advisory Committee .... **El Comité Asesor de la Educación Bilingüe**
biography .... **la biografía**
biology .... **la biología**
birth .... **el nacimiento**
birth certificate .... **el certificado de nacimiento**
birth date (month, day, year) .... **la fecha de nacimiento (el mes, día, año)**
birth defect .... **el defecto de nacimiento**
birthmark .... **el antojo; el lunar**

birthplace .... **el lugar de nacimiento**
bisect, to .... **bisecar**
bite, of an insect .... **la picadura; la mordedura**
blanks .... **los espacios (en blanco)**
bleeding .... **la hemorragia; que sangra; que está sangrando**
bleeding, excessive .... **la hemorragia excesiva**
blend sounds .... **fusionar sonidos; mezclar sonidos**
blind .... **ciego(a)**
blind/visually impaired .... **el (los) ciego(s) o impedido(s) visual(es); el (los) minusválidos visuales**
blindness .... **la ceguera**
blister .... **la ampolla**
blocks .... **los bloques**
blood clot .... **el coágulo**
blood pressure .... **la tensión arterial**
blood pressure, high .... **la hipertensión arterial; la presión alta**
bloody .... **sangriento(a)**
bloody nose .... **la hemorragia nasal**
blow .... **el golpe**
board of directors .... **la junta directiva**
board policy .... **las normas de la mesa directiva**
boil .... **el furúnculo; el grano**
bone, broken .... **el hueso roto**
bone disease .... **la enfermedad de los huesos**
book care rules .... **los reglamentos del cuidado de libros**
book cover .... **la tapa del libro; la sobrecubierta**
book, damaged .... **el libro estropeado**
book fair .... **la feria de libros**
book jacket .... **la sobrecubierta del libro**
book, paperback .... **el libro encuadernado en rústica; el libro de tapa flexible**
book return .... **el departamento de devolución de libros**
book, to check out a .... **sacar un libro de la biblioteca**
book, to return a .... **devolver un libro**
bookcase .... **el librero; el estante para libros; la estantería**
bookends .... **los soportes de libros**
bookmark .... **la señal; el marcador de páginas del libro**

book(s) .... **el (los) libro(s)**
bookshelf (shelves) .... **las estanterías de libros; el (las) repisa(s)**
booster club .... **el club de aficionados**
borrow, to .... **pedir prestado**
borrower's card .... **la tarjeta de la biblioteca**
botany .... **la botánica**
boundaries (school, district) .... **los límites (de la escuela, del distrito)**
bowel control (poor) .... **la falta de control de la evacuación**
bowel movement .... **la evacuación del vientre**
bowleg .... **la pierna arqueada**
bowlegged .... **estevado(a); patiestevado(a)**
boxing .... **el boxeo**
boy(s) .... **niño(s); chico(s); muchacho(s)**
braces .... **los frenos para los dientes**
breadth (width) .... **la anchura**
breakdown .... **la crisis nerviosa; el colapso**
breakfast .... **el desayuno**
breakfast and lunch program .... **el programa de desayuno y almuerzo**
breath .... **el aliento**
breath, bad .... **el mal aliento**
breath (out of) .... **sin aliento**
breath (short of) .... **corto de resuello**
breathing problems .... **los problemas de la respiración**
bright .... **listo(a); inteligente**
bronchitis .... **la bronquitis**
brother .... **el hermano**
browse, to .... **hojear libros (un libro)**
bruised .... **magullado(a); amoratado(a)**
bruise(s) .... **el (los) moretón(es); la(s) contusión(es)**
bruises easily .... **se magulla fácilmente**
brush .... **la brocha; el pincel**
brush teeth, to .... **cepillarse (lavarse) los dientes**
buck teeth .... **los dientes salientes**
bulletin board .... **el tablón de anuncios**
bump .... **el golpe**
burn, to .... **quemar**
burn(s) .... **la (las) quemadura(s)**
bus fee .... **la tarifa de transporte**
bus, front of the .... **el frente del autobús**
bus, inside the .... **dentro del autobús**

bus misconduct referral .... **la referencia de mala conducta en el autobús**
bus, outside the .... **fuera del autobús**
bus pass, annual .... **los pases de autobús con validez de un año**
bus pass application .... **la solicitud para obtener pases de autobús escolar**
bus pass, free .... **el pase gratis de autobús**
bus, regularly scheduled .... **el autobús de ruta fija**
bus riding privileges .... **el privilegio de viajar en el autobús escolar**
bus service .... **el servicio de autobús**
bus, school .... **el autobús escolar**
bus stop(s), school .... **la(s) parada(s) del autobús escolar**
bus transportation .... **el transporte en autobús**
busing area, prescribed .... **el área normal de transporte**
buy, to .... **comprar**

C

cabinets .... **los gabinetes**
cafeteria .... **la cafetería**
cafeteria worker .... **el (la) trabajador(a) de la cafetería (de la cocina)**
calcium .... **el calcio**
calculate, to .... **calcular**
call, to .... **llamar**
calm .... **tranquilo(a); quieto(a)**
camcorder .... **la cámara tomavistas de video**
campus .... **el campus**
campus, clean and orderly .... **el campus limpio y ordenado**
cancer .... **el cáncer**
candy .... **los dulces; los bombones; los caramelos**
capacity .... **la capacidad**
capital letter .... **la mayúscula; la letra grande**
captain .... **el capitán**
card catalog .... **el fichero**
care, child .... **el dar cuido a niños; el cuidar a los niños**
care, temporary .... **el cuido temporal**
career day .... **el día de las carreras**
carnival .... **el carnaval**

carry, to .... **llevar**
cart .... **el carrito**
case, severe .... **el caso severo**
cassette player .... **la grabadora de casetes**
cassettes .... **los casetes**
catching (contagious) .... **contagioso(a); que se pega**
categorical programs .... **los programas categóricos**
cavities .... **las caries; las picaduras**
cavity .... **la carie; la picadura**
center .... **el centro**
centimeters .... **los centímetros**
century .... **el siglo**
cerebral palsy .... **la parálisis cerebral**
ceremony, opening .... **la ceremonia de apertura**
certificate .... **el certificado**
chair .... **la silla**
chalk .... **la tiza; el gis**
chalkboard .... **el pizarrón; la pizarra**
champion(s) .... **el campeón (los campeones)**
championship .... **el campeonato**
change (money) .... **el cambio; la vuelta**
chapter .... **el capítulo**
check out a book, to .... **sacar un libro de la biblioteca**
check over, to .... **repasar**
check, to .... **revisar**
checkers .... **las damas**
cheerful .... **alegre**
cheerleading .... **el dirigir a los aficionados; el iniciar los vivas**
chess .... **el ajedrez**
chew, to .... **masticar**
chicken pox .... **la varicela; la viruela loca**
child (anyone's) .... **el niño; la niña**
child care .... **el cuidar a los niños; el dar cuido a los niños**
child care program .... **el programa de cuidado de niños**
child, minor .... **el (la) niño(a) menor de edad; el (la) menor de edad**
child nutrition program .... **el programa de alimentos para niños**
child (of a particular person) .... **el hijo; la hija**
child, sick .... **el (la) niño(a) enfermo(a)**
child welfare .... **la protección de la infancia**
childbirth .... **el parto; el alumbramiento; el dar la luz**

childish .... **aniñado(a)**
children .... **los niños**
children, excluded .... **los niños excluidos**
chills .... **los escalofríos**
Chinese .... **el chino**
Chinese checkers .... **las damas chinas**
choices (appropriate, inappropriate) .... **las decisiones (adecuadas, no adecuadas)**
choir .... **el coro; la coral**
cholera .... **el cólera**
choose, to .... **escoger**
chorus .... **el coro**
chronic illness .... **la enfermedad crónica**
cigarettes .... **los cigarrillos**
circle .... **el círculo**
circle graph .... **el gráfico circular**
circle, to .... **poner en un círculo; rodear; circundar**
circulation desk .... **el departamento de circulación de libros**
circumference .... **la circunferencia**
citizen .... **el (la) ciudadano(a)**
citizenship (behavior) .... **el comportamiento**
citizenship (country) .... **la nacionalidad**
citizenship (good, poor) .... **la conducta (buena, mala)**
city .... **la ciudad**
civil authorities .... **las autoridades civiles**
class .... **la clase**
class (morning, afternoon) .... **la clase (por la mañana, por la tarde)**
class size .... **el tamaño de la clase**
class, special day .... **la clase especial durante el día**
classroom .... **el salón; la clase; el aula de clase; el cuarto**
clay .... **la arcilla; la plastilina**
clean teeth, to .... **limpiar los dientes**
clean, to .... **limpiar**
clerk .... **el (la) empleado(a) de oficina; el (la) oficinista**
clinic, community .... **la clínica de la comunidad**
clock .... **el reloj**
close, to .... **cerrar**
closed surface .... **la superficie cerrada**

club(s) .... **el club (los clubs)**
clubfoot .... **el pie zopo**
clubfooted .... **con el pie zopo**
coach .... **el entrenador**
coach, athletic .... **el (la) entrenador(a) de deportes**
coach, drama .... **el (la) entrenador(a) de drama**
coaching staff .... **los entrenadores asistentes**
cocaine .... **la cocaína; la coca**
code of conduct .... **el código de conducta**
coerce, to .... **forzar**
coin .... **la moneda**
cold (a) .... **el catarro; el resfriado**
colds, frequent .... **los resfriados frecuentes**
colic .... **el cólico**
colitis .... **la colitis**
college .... **la universidad**
college, community .... **el colegio universitario**
color blindness .... **el daltonismo**
color, to .... **colorear; colorar**
color-blind .... **ciego(a) para los colores**
color-blind, to be .... **ser ciego(a) para los colores**
colors .... **los colores**
column .... **la columna**
column addition .... **la suma en columnas**
la adición en columnas
comma .... **la coma**
comment, to .... **comentar**
common divider .... **el divisor común**
common factor .... **el factor común**
common multiple .... **el múltiple común**
communicate, to .... **comunicar**
commutative .... **conmutativo**
compact disc player .... **el tocadiscos de discos compactos**
comparative .... **comparativo**
compass .... **el compás**
competition, athletic .... **la competición (atlética)**
competition, class .... **la competición entre clases**
competition(s) .... **la competición (las competiciones)**
competitive sport .... **el deporte de competición**
complete, to .... **acabar; completar**
compliance .... **el cumplimiento; la conformidad**
compliance, to be in .... **estar en cumplimiento;**
estar en conformidad

compliance, to be out of .... **no estar en cumplimiento; no estar en conformidad**
complications from . . . . **las complicaciones de . . .**
complications, potential .... **la posibilidad de complicaciones**
complications, serious .... **las complicaciones serias**
comply with, to .... **cumplir con; acatar**
composite number .... **el número compuesto**
composition .... **la composición**
compound word .... **la palabra compuesta**
comprehend, to .... **comprender**
comprehension .... **la comprensión**
computer .... **la computadora; el ordenador**
computer assisted instruction .... **la instrucción asistida por computadora (ordenador)**
computer lab .... **el laboratorio de computadoras (ordenadores)**
computer operator .... **el (la) operador(a) de computadoras (ordenadores)**
computer science .... **la ciencia de las computadoras**
computer system .... **el sistema de computadoras**
computer technician .... **el (la) técnico(a) de computadoras (ordenadores)**
concert .... **el concierto**
concussion .... **la concusión; la conmoción cerebral**
condition .... **la condición**
condition, disabling .... **la condición que incapacita**
condition, medical .... **la condición médica**
condition, serious .... **la condición seria; la condición grave**
conduct on the bus .... **la conducta en el autobús**
conduct, student .... **la conducta estudiantil**
cone .... **el cono**
conference .... **la conferencia; la consulta**
conference, parent .... **la conferencia con los padres**
conference, parent-teacher .... **la conferencia entre padre(s) y maestro(a)**
conference request .... **la petición de conferencia**
confidential .... **confidencial**
confidentiality .... **la confidencialidad**
confiscate, to .... **confiscar**
conform, to .... **conformarse**
confused, to be .... **estar confundido(a); estar confuso(a)**

congenital abnormality .... **la anormalidad congénita**
congruent .... **el congruente**
congruent lines .... **las líneas congruentes**
conjugation .... **la conjugación**
conjunction .... **la conjunción**
conjunctivitis .... **la conjuntivitis**
consent .... **el consentimiento**
consent of the parent .... **el consentimiento de los padres**
consent, to .... **consentir**
consent to participate .... **el consentimiento de participar**
consequence .... **la consecuencia**
consequences (positive, negative) .... **las consecuencias (positivas, negativas)**
consonants .... **las consonantes**
constipation .... **el estreñimiento; la constipación**
contact, direct .... **el contacto directo**
contact lenses .... **las lentes de contacto**
contagious .... **contagioso(a)**
contagious, highly .... **muy contagioso(a)**
contagious illness .... **la enfermedad contagiosa**
contain, to .... **contener**
contest (athletic) .... **la competición; la prueba (atlética)**
contest(s) .... **el concurso (los concursos)**
continuation school .... **la escuela de continuación**
control self, to be unable to .... **ser incapaz de controlarse**
controlled substance .... **una substancia controlada;**
conversation .... **la conversación**
convulsion .... **la convulsión**
cooperate, to .... **cooperar**
coordinate (math) .... **la coordinada**
coordination (poor) .... **la mala coordinación**
coordinator, district .... **el (la) coordinador(a) del distrito**
coordinator, school .... **el (la) coordinador(a) escolar**
copy, to .... **copiar**
cornea .... **la córnea**
corporal punishment .... **el castigo físico; el castigo corporal**
correct, to .... **corregir**
corrective glasses .... **las lentes correctivas**
corridor .... **el corredor; el pasillo**
cost .... **el costo**
costume contest .... **el concurso de disfraces**
cough (chronic, frequent) .... **la tos (crónica; frecuente)**
counsel, to .... **aconsejar**
counseling .... **el asesoramiento**
counselor .... **el (la) consejero(a)**

count, to .... **contar**
counting by ones to . . .. **contando de uno en uno hasta . .**
counting by tens to . . .. **contando de diez en diez hasta . .**
counting by twos to . . .. **contando de dos en dos hasta . .**
county department of education .... **el departamento de educación del condado**
course of study .... **el curso de estudios; las asignaturas**
court school .... **la escuela en el cárcel; la escuela del tribunal de menores**
cousin .... **el primo; la prima**
cover, to .... **cubrir; tapar**
crafts .... **las artesanías**
cramp(s) .... **el (los) calambre(s)**
cranky .... **malhumorado(a)**
crayons .... **las crayolas; el crayón**
creative .... **creativo(s)**
creative, highly .... **muy creativo(a)**
creative writing .... **la redación creativa; la clase de composición**
cross out, to .... **tachar**
cross-country .... **el campo a través**
cross-eyed .... **bizco(a)**
crossing guard .... **el (la) guía en los cruces; el (la) guarda en los cruces**
croup .... **el crup**
cruelty .... **la crueldad**
crying .... **llorando**
cube .... **el cubo**
cubic units .... **las unidades cúbicas**
cup .... **la taza**
current events .... **las temas de actualidad**
curriculum .... **el plan de estudios**
curriculum guide .... **la guía del curso de estudios**
curriculum, specialized .... **el curículo especializado**
curtains .... **las cortinas**
curvature of the spine .... **la escoliosis**
curve .... **la curva**
custodian .... **el (la) portero(a); el (la) técnico(a) de mantenimiento**
custody, legal .... **la custodia legal**
cut .... **la cortadura; el corte**
cut, to .... **cortar**
cylinder .... **el cilindro**
cyst .... **el quiste**

D

damage, to .... **dañar; estropear**
dance .... **el baile**
dance, to .... **bailar**
dangerous activities .... **las actividades peligrosas**
date (day) .... **la fecha**
date, effective .... **la fecha en que entra en vigor**
date entering .... **la fecha de entrada**
date leaving .... **la fecha de salida**
daughter .... **la hija**
daughter-in-law .... **la nuera**
day .... **el día**
day, extended .... **el día extendido**
day, minimum .... **el día mínimo**
daydream, to .... **soñar despierto**
deaf .... **sordo(a)**
deaf or hard of hearing .... **los sordos; con problemas de audición**
deaf-mute .... **sordomudo(a)**
deafness .... **la sordera**
dean .... **el (la) decano(a)**
debate .... **el debate**
decade .... **la década**
decimal system .... **el sistema métrico decimal**
decipher, to .... **descifrar**
deface, to .... **desfigurar; deteriorar**
defacement .... **la desfiguración; el deterioro**
defeat .... **la derrota**
defiance of authority .... **el desafío a la autoridad**
define, to .... **definir**
definition .... **la definición**
deformity .... **la deformidad**
defy authority, to .... **desafiar a la autoridad**
deliver, to .... **entregar**
demonstrative .... **demostrativo(a)**
denominator .... **el denominador**
dental health .... **la salud dental**
dental hygienist .... **el (la) higienista dental**
dentistry .... **la odontología; la dentistería**
Department of Public Health .... **El Departamento de Salubridad Pública**
dependent .... **dependiente**
deportment .... **la conducta; el comportamiento**

depression .... **la depresión**
describe, to .... **describir**
description .... **la descripción**
desk .... **el escritorio**
desk, student .... **el pupitre**
destination .... **el destino**
destroying school property .... **la destrucción de pertenencias de la escuela**
destructive activities .... **las actividades destructivas**
detail .... **el detalle**
detention (after school, Saturday) ... **la detención (después de horas de clase, los sábados)**
deterioration of vision .... **el deterioro de la vista**
developmental health history .... **la historia de la condición médica y desarrollo**
dexterity .... **la destreza**
diabetes .... **la diabetes**
diagram .... **el diagrama**
diameter .... **el diámetro**
diarrhea .... **la diarrea**
dice .... **los dados**
dictate, to .... **dictar**
diet .... **la dieta**
diet, healthy .... **la dieta saludable**
diet, poor .... **la mala dieta**
difference(s) .... **la(s) diferencia(s)**
difficult .... **difícil**
difficulty .... **la dificultad**
digestion .... **la digestión**
digit .... **el dígito; la cifra**
diphtheria .... **la difteria**
diphthong .... **el diptongo**
diploma .... **el diploma**
directory .... **el directorio**
dirty .... **sucio(a)**
disability .... **la inhabilidad; la incapacidad**
disability, physical .... **la invalidez; la minusvalía**
disability, temporary .... **la incapacidad temporal**
disabled .... **inválido(a); minusválido(a)**
disabled, to be .... **estar incapacitado(a)**
disadvantage .... **la desventaja**
disaster (natural) .... **el desastre (natural)**
disaster preparedness .... **la preparación para el desastre**
discharge (from the body) .... **el desecho; el flujo; la supuración**

disciplinary action, severe .... **la acción disciplinaria severa**
discipline .... **la disciplina**
discipline, to .... **disciplinar; castigar**
discomfort .... **el malestar; la incomodidad**
discuss, to .... **discutir**
discussion .... **la discusión**
disease .... **la enfermedad de los riñones**
disease, communicable .... **la enfermedad contagiosa**
disease, contagious .... **la enfermedad contagiosa**
disease, spread of .... **la propagación de la enfermedad**
disks, computer .... **los discos para la computadora**
dismissal .... **la salida; la despedida**
dismissal procedures .... **las procedimientos de salida**
dismissal time(s) .... **la(s) hora(a) de salida**
dismissal time, early .... **la hora de salida temprana**
dismissal time, regular .... **la hora normal de salida**
disobedience .... **la desobediencia**
disobey, to .... **desobedecer**
disorderly .... **desordenado(a); escandaloso(a)**
disorderly conduct .... **la conducta desordenada**
disrespect, to show .... **faltar al respeto**
disrespectful .... **irrespetuoso(a)**
disrespectful, to be .... **ser irrespetuoso(a)**
disrupt, to .... **trastornar; alterar; interrumpir**
disruption .... **el entorpecimiento; la interrupción; el trastorno**
disruption, deliberate classroom ..... **la deliberada interrupción de la clase**
distance .... **la distancia**
distracted, easily .... **fácilmente distraído(a)**
district master plan .... **el plan general del distrito**
district office .... **la oficina del distrito escolar**
district transportation department .. **el departamento de transporte del distrito**
disturb, to .... **perturbar**
disturbance .... **el alboroto**
disturbance, to create .... **crear un alboroto**
divide in half, to .... **demediar**
divide, to .... **dividir**
dividend .... **el dividendo**
divisible .... **divisible**
division .... **la división**
divisor .... **el divisor**
dizziness .... **el vértigo; la confusión; el mareo**

dizzy .... **mareado(a); aturdido(a)**
document .... **el documento**
documentation, necessary .... **la documentación necesaria**
doll .... **la muñeca**
dominant .... **dominante**
door .... **la puerta**
dose(s) additional .... **la dosis adicional**
double session .... **el horario doble**
Down's syndrome .... **el síndrome de Down**
drama .... **el drama**
dramatize, to .... **dramatizar**
draw, to .... **dibujar**
drawer .... **el cajón**
dress up day .... **el día de vestir de manera peculiar**
drill team .... **el equipo de desfile; el equipo de hacer la instrucción**
drink, to .... **beber; tomar**
drinker .... **el (la) bebedor(a)**
drinking .... **bebiendo; tomando**
driver, school bus .... **el (la) conductor(a) del autobús escolar**
driver's license .... **la licencia de manejar; la licencia de conducir**
drooling .... **babeando**
drop out of school, to .... **abandonar la escuela; dejar la escuela**
drop-off point .... **el lugar para apearse del autobús**
dropout rate .... **el porcentaje de los que abandonan (dejan) la escuela**
dropout, school .... **el (la) estudiante que abandonó la escuela; el (la) estudiante que dejó la escuela**
drowsiness .... **la somnolencia**
drowsy .... **soñoliento(a)**
drug abuse .... **el abuso de las drogas**
drug addict .... **el (la) toxicómano(a); el (la) drogadicto(a)**
drug addiction .... **la toxicomanía**
drug culture .... **la cultura de las drogas**
drug education .... **la educación sobre las drogas**
drug habit .... **el vicio de los narcóticos**
drug traffic .... **el tráfico de drogas**
drugged .... **drogado(a)**
drugs .... **las drogas**

drugs, dangerous .... **las drogas peligrosas**
drugs, to be mixed up in .... **meterse en el mundo de las drogas**
drugs, to use .... **usar drogas**
drugs, under the influence of .... **bajo la influencia de drogas**
drums .... **los tambores**
drunk driving .... **conducir en estado de embriaguez**
drunk driving, to be arrested for ..... **ser detenido(a) por conducir en estado de embriaguez**
drunk, to be .... **emborracharse; estar borracho(a)**
drunkenness .... **la embriaguez; la borrachera**
dysentery .... **la disentería; la diarrea muy fuerte**
dyslexia .... **la dislexia**

E

ear disease .... **la enfermedad de los oídos**
ear infection .... **la infección del oído**
ear, inner .... **el oído (interno)**
ear, outer .... **la oreja**
earache .... **el dolor de oído(s)**
eardrum .... **el tímpano**
earphones .... **los audífonos**
ear(s) .... **el oído (los oídos)**
Earth science .... **las ciencias sobre el planeta**
earwax .... **el cerumen; la cera de los oídos**
easel .... **el caballete**
eat, to .... **comer**
eczema .... **el eczema**
edge (intersection of two planes) ..... **la arista; el borde**
education .... **la educación; la instrucción**
education code .... **el código de la educación**
education, higher .... **la educación superior**
education, physical .... **la educación física**
education, special .... **la educación especial**
educational .... **educativo(a); educacional**
educational materials .... **los materiales educativos**
educational program .... **el programa educativo**
educational system .... **el sistema educativo**
educator .... **el (la) educador(a)**
effective .... **eficaz**
effects .... **los efectos**
eighth grader .... **el (la) alumno(a) del octavo año (grado)**
election .... **la elección**

elections, student body .... **las elecciones para la asociación estudiantil**
element .... **el elemento**
elementary school .... **la escuela primaria (elemental)**
elementary school student .... **el (la) alumno(a) de primaria**
eligibility .... **la elegibilidad**
eligibility application .... **la solicitud de elegibilidad**
eligible students .... **los estudiantes elegibles**
eligible, to be .... **ser elegible; tener elegibilidad**
ellipse .... **la elipse**
emergency .... **la emergencia**
emergency card .... **la tarjeta de emergencia**
emergency exit .... **la salida de emergencia**
emergency form .... **el impreso de emergencia**
emergency information .... **la información para en caso de emergencia**
emotional disturbance (severe) .... **la perturbación emocional (severa)**
emotional state .... **el estado emocional**
emotional stress .... **la tensión emocional**
emphysema .... **el enfisema**
employer .... **el (la) empresario; el (la) empleador(a); el (la) patrón (patrona); el (la) jefe**
empty set .... **el conjunto vacío; el conjunto nulo**
encourage, to .... **animar**
encouragement .... **el ánimo; el aliento**
endanger, to .... **poner en peligro**
English .... **el inglés**
English as a Second Language (ESL) .... **el inglés como segundo idioma**
English classes for adults .... **las clases de inglés para adultos**
English-speaking .... **el (la) angloparlante**
enroll, to .... **inscribir; matricular**
enrolled, currently .... **actualmente matriculado(a)**
enrollment .... **la matriculación**
enrollment form .... **el impreso de matrícula**
enrollment information .... **la información sobre la matriculación**
enrollment, student .... **la matriculación**
enunciate, to .... **enunciar; pronunciar**
envelope .... **el sobre**
epidemic .... **la epidemia**
epilepsy .... **la epilepsia**
epileptic .... **epiléptico(a)**

equality .... **la igualdad**
equation .... **la ecuación**
equilateral triangle .... **el triángulo equilátero**
equipment .... **el equipo**
equivalent fractions .... **las fracciones equivalentes**
equivalent sets .... **los conjuntos equivalentes**
equivalent, to be .... **equivaler**
erase, to .... **borrar**
eraser .... **el borrador; la goma de borrar**
error .... **el error**
essay .... **el ensayo**
estimate, to .... **estimar**
estimation .... **la estimación**
ethnic balance .... **el balance étnico**
evaluation .... **la evaluación**
evaluation team .... **el equipo de evaluación**
even number .... **el número par**
event .... **el evento**
examination .... **el examen; la prueba**
examination forms .... **el formulario de examen médico**
examination, physical .... **el examen médico**
examined, to be .... **ser reconocido(a); ser examinado(a)**
excessive .... **excesivo(a)**
exclamation point .... **el signo de admiración; el signo de exclamación**
exclude from school, to .... **excluir de la escuela**
excluded, to be .... **estar excluido(a)**
exclusion from attendance .... **la exclusión de asistencia**
excused, to be .... **ser excusado(a)**
exercise .... **el ejercicio**
exercise, lack of .... **la falta de ejercicio**
exhaustion .... **el agotamiento**
expell, to .... **expulsar**
explain, to .... **explicar**
explanation .... **la explicación**
exploitation, sexual .... **la explotación sexual**
explosives .... **los explosivos**
exponent .... **el exponente**
express oneself, to .... **expresarse**
expulsion .... **la expulsión**
exterior .... **el exterior**
eye disease .... **la enfermedad de los ojos**
eye doctor .... **el oftalmólogo; el oculista; el optometrista**

eye examination .... **el reconocimiento de la vista; el examen de la vista**
eye injury .... **la herida de los ojos**
eye socket .... **la cuenca del ojo**
eye test chart .... **el cuadro gráfico para exámenes de la vista**
eyeball .... **el globo del ojo**
eyelash .... **la pestaña**
eyelid .... **el párpado**
eye(s) .... **el (los) ojo(s)**
eyes, circles under .... **las ojeras**
eyesight .... **la vista**
eyestrain .... **la vista fatigada**
eyewash .... **el colirio**

F

fable .... **la fábula**
face .... **la cara**
factor .... **el factor**
factor tree .... **el árbol de factores**
faculty .... **el profesorado**
fainting spell .... **el desmayo**
fairy tales .... **los cuentos de hadas**
fall .... **la caída**
fall behind, to .... **atrasarse**
family life instruction .... **la instrucción sobre la vida familiar**
fat (describing a condition) .... **la gordura**
father (used by adults--formal) .... **el padre**
father (used by children and adults) .... **el papá**
father-in-law .... **el suegro**
fatigue .... **la fatiga; el cansancio**
faucet .... **el grifo; la llave del agua**
fear .... **el temor; el miedo**
fearful .... **temeroso(a); aprensivo(a); miedoso(a)**
federal funds .... **los fondos federales**
federal laws .... **las leyes federales**
federal regulations .... **los reglamentos federales**
fee per ride .... **el pago por un billete de autobús**
fence .... **el cercado de alambre; el cerco**
festival .... **el festival**

fever .... **la fiebre; la calentura**
fever blister .... **la ampolla; la lesión en los labios**
fever, high .... **la fiebre alta**
fever, low grade .... **la fiebre de grado bajo**
feverish .... **febril; calenturiento(a)**
fiction .... **la ficción**
fidgety .... **inquieto(a); nervioso(a); azogado(a)**
field .... **el campo; la cancha**
field hockey .... **el hockey sobre la hierba**
field trip .... **la excursión educativa**
fifth grader .... **el (la) alumno(a) del quinto año (grado)**
fifth (one) .... **un quinto**
fight, to .... **pelear**
fighting .... **el pelearse; la lucha**
figure .... **la figura**
file cabinet .... **el archivo; el archivador**
file (cum record) .... **el registro; el expediente**
file, to place information in a student's .... **poner información en el archivo del estudiante**
file(s) .... **el (los) archivos; la(s) ficha(s)**
fill, to .... **llenar; completar; rellenar**
films .... **las películas**
filmstrips .... **las filminas**
financial aid .... **la ayuda económica**
financially liable .... **la responsabilidad financiera; la responsabilidad económica**
find, to .... **hallar; encontrar**
finish one's work, to .... **terminar la tarea**
finish, to .... **terminar**
finite .... **finito**
firearms .... **el arma (las armas) de fuego**
firecrackers .... **los cohetes; los petardos**
first grader .... **el (la) alumno(a) del primer año (grado)**
fistfight .... **la pelea a puñetazos**
fitness .... **el buen estado**
flabby .... **flojo(a); fláccido(a)**
flag .... **la bandera**
flash cards .... **las tarjetas; las cartas**
flatulence .... **la flatulencia**
flea bites .... **las picaduras de pulgas**

fleas .... **las pulgas**
flesh wound .... **la herida superficial**
floor .... **el suelo; el piso**
floss .... **el hilo dental**
flu .... **la gripe; la influenza**
fluoride .... **el fluoruro**
flush, to .... **tirar de la cadena; tirar de la cisterna**
folder .... **la carpeta**
folder, manilla .... **la carpeta de manila**
follow directions, to .... **seguir las instrucciones; obedecer las instrucciones**
follower .... **seguidor(a); imitador(a)**
fondle, to .... **acariciar; toquetear**
food poisoning .... **el envenamiento por comestibles en mal estado**
food .... **la comida**
food services department .... **el departamento de servicios de alimentos**
food stamps .... **las estampillas para alimentos**
foot .... **el pie**
football .... **el fútbol americano**
foreign body .... **el cuerpo extraño**
foreign language .... **la lengua extranjera**
forensics .... **los debates**
forgetful .... **olvidadizo(a); descuidado(a)**
fork .... **el tenedor**
form .... **el formulario; el impreso**
form, application .... **la solicitud**
form, to .... **formar**
formula .... **la fórmula**
foster child .... **el niño adoptado temporalmente; el niño en tutela temporal**
foster home .... **la familia adoptiva temporal**
foster parents .... **los tutores temporales**
fourth grader .... **el (la) alumno(a) del cuarto año (grado)**
fourth (one) .... **un cuarto**
fraction .... **la fracción**
fractional number .... **el número fraccionario**
fracture .... **la fractura; la quebradura; la rotura**
fragile .... **frágil**
frail .... **débil; frágil**
French .... **el francés**

freshman .... el (la) estudiante de primer año de secundaria
fretful .... irritable; enojadizo(a); impaciente
friend(s) .... el (los) amigo(s); la(s) amiga(s)
frightened, to be .... tener miedo; temer
frightened .... asustado(a)
frostbite .... la congelación
frostbitten .... dañado por la helada; congelado(a)
function .... la función
function, to .... funcionar; desempeñar
fund-raiser .... la actividad para recaudar fondos
Future Farmers of America .... Los Futuros Agricultores de América

G

gamble, to .... apostar
gambling .... los juegos de apuestas; los juegos del azar
game(s) .... el juego (los juegos)
gang activity .... la actividad de pandillas
gang affiliation .... la asociación con pandillas
gang apparel .... la ropa usada por las pandillas
gang member .... el pandillero
gang prevention program .... el proyecto anti-pandillas; el proyecto de prevención de pandillas
gangrene .... la gangrena
gang(s) .... la(s) pandilla(s)
gardener .... el (la) jardinero(a)
gash .... la cuchillada
genital herpes .... los (las) herpes genitales
genital penetration .... la penetración genital
geography .... la geografía
geometry .... la geometría
geometry set .... el juego de geometría
German .... el alemán
gestures (inappropriate, obscene) .... los gestos (inapropiados, obscenos)
gestures, to make .... hacer gestos
get up, to .... levantarse
gifted .... talentoso(a); muy inteligente
Gifted and Talented Education .... La Educación para Dotados y Talentosos

girl(s) .... **la(s) niña(s); chica(s); muchacha(s)**
give, to .... **dar**
glands, enlarged .... **las glándulas inflamadas**
glasses .... **las lentes; los anteojos; las gafas**
glaucoma .... **la glaucoma**
globe (world) .... **el globo (terráqueo); la esfera (terrestre)**
glue .... **la cola de pegar; la goma de pegar**
go away, to .... **irse**
go, to .... **ir**
godfather .... **el padrino**
godmother .... **la madrina**
golf .... **el golf**
gonorrhea .... **la gonorrea**
grade level .... **el nivel del grado**
grade level, above .... **superior al nivel del grado**
grade level, at .... **al nivel del grado**
grade level, below .... **atrasado(a) del nivel del grado; inferior al nivel del grado**
grade (measurement of angles) .... **el grado**
grade point average .... **el promedio de las notas**
grade (year in school) .... **el grado; el año de estudios**
grade(s) (for report card) .... **la calificación; las calificaciones**
graffiti .... **el grafito (los grafitos)**
gram .... **el gramo**
grammar .... **la gramática**
granddaughter .... **la nieta**
grandfather .... **el abuelo**
grandmother .... **la abuela**
grandson .... **el nieto**
graph .... **el gráfico; el diagrama**
greater than .... **mayor que**
grounds, school .... **el recinto escolar**
grouping .... **la agrupación**
grouping, heterogeneous .... **el agrupamiento heterogéneo**
grouping, homogeneous .... **el agrupamiento homogéneo**

guardian .... **el (la) tutor(a); el (la) encargado(a)**
guardian, legal .... **el tutor legal; el guardian legal**
guardianship .... **la responsabilidad de tutor(a)**
guidance specialist .... **el (la) asesor(a); el (la) especialista de orientación**
guide .... **la guía**
guidelines .... **las directrices; las pautas**

guidelines, nutritional .... **las guías de nutrición**
gum, chewing .... **la goma de mascar; el chicle**
gum disease .... **la enfermedad de las encías**
gums .... **las encías**
gun(s) .... **el (los) arma(s) de fuego**
gymnasium .... **el gimnasio**
gymnastics .... **la gimnasia**

H

habits (good, bad) .... **los hábitos (buenos, malos)**
half hour .... **la media hora**
half (one) .... **un medio; una mitad**
halitosis .... **la halitosis**
hall pass .... **el pase oficial**
Halloween parade .... **el desfile de Halloween**
hallway .... **el corredor; el pasillo**
hand (of a clock) .... **la manecilla**
handicap, physical .... **el impedimento físico**
handicapped .... **impedido(a)**
handwriting .... **la escritura a mano; la caligrafía**
handwriting, cursive .... **la letra manuscrita; la caligrafía**
hang up, to .... **colgar**
hanger .... **el colgador; el gancho para ropa; el perchero**
hangover .... **la resaca; la cruda**
hangover, to have a .... **tener la cruda; tener resaca**
hardback .... **el encuadernado en cartoné; el libro de tapa dura**
hardware, computer .... **el equipo físico de la computadora**
harelip .... **el labio leporino; el labio hendido**
hay fever .... **la fiebre (el catarro) del heno**
head cold .... **el catarro; el resfriado; el constipado**
head lice .... **los piojos**
headache .... **el dolor de cabeza**
heading .... **el encabezamiento**
headphone(s) .... **el (los) audífono(s); los auriculares**
health .... **la salud; la sanidad**
health check-up .... **el reconocimiento médico; el examen médico**
health, endangered .... **la salud en peligro**
health examination form .... **el formulario de reconocimiento médico**

health history .... **el historial de la condición médica**
health problems .... **los problemas de salud**
health problems, chronic .... **las enfermedades crónicas**
health records .... **el expediente médico**
health screening .... **el reconocimiento médico; el examen médico**
healthy .... **sano(a); saludable**
hearing aid .... **el aparato auditivo**
hearing impaired .... **sordo(a)**
hearing impairment .... **el impedimento (defecto) del oído**
hearing loss .... **la pérdida de la capacidad de oír**
hearing (sense) .... **la capacidad de oír**
hearing (hard of) .... **duro de oído; algo sordo**
heart attack .... **el ataque al corazón; el ataque cardíaco**
heart condition/disease .... **la enfermedad del corazón**
heart failure .... **el fallo del corazón; el colapso cardíaco**
heart murmur .... **el rumor cardíaco**
heartburn .... **la acedía; la rescoldera; el rescoldo**
height .... **la altura**
help .... **la ayuda; el socorro**
help, to .... **ayudar**
hemorrhage .... **la hemorragia**
hemorrhoids .... **las hemorroides**
hepatitis .... **la hepatitis**
heroin .... **la heroína**
heroin user .... **el que usa heroína**
herpes .... **el (la) herpe**
hexagon .... **el hexágono**
hiccup .... **el hipo**
high school .... **la escuela secundaria; la preparatoria**
high strung .... **tenso(a); impresionable**
Hindu-Arabic numeral .... **el numeral indo-arábigo**
history .... **la historia**
history, American .... **la historia americana; la historia de América**
history, Mexican-American .... **la historia méxicoamericanos**
history, world .... **la historia del mundo**
hit, to .... **pegar**
hitting .... **golpeando; pegando**
hives .... **las ronchas; la urticaria**
hoarseness .... **la ronquera**

hold .... **sostener; agarrar**
holiday program .... **el programa festivo**
holiday(s) .... **el día festivo, las vacaciones**
home care .... **el cuidado médico en casa**
home language survey .... **la encuesta sobre el idioma hablado en casa**
homecoming day (week) .... **el día (la semana) de "Homecoming"**
homework .... **la tarea; la lección**
homework assignment .... **la tarea**
homework program .... **el programa de tarea**
homework policy .... **las reglas sobre la tarea**
homework requirements .... **los requisitos de la tarea**
homonym .... **el homónimo**
honors program .... **el programa de honores**
hookworm .... **el anquilostoma**
hopscotch .... **el avión; la rayuela**
horizontal .... **horizontal**
hour .... **la hora**
humor .... **humor**
hundred thousands .... **centenas de millar**
hundreds .... **las centenas**
hunger .... **el hambre**
hunt for, to .... **buscar**
husband .... **el esposo; el marido**
hygiene (poor) .... **la mala higiene**
hyperactive .... **hiperactivo(a)**
hypersensitive .... **hipersensible; muy sensible**
hypertension .... **la hipertensión**
hypochondriac .... **hipocondríaco(a)**
hypoglycemia .... **la hipoglucemia**
hypotenuse .... **la hipotenusa**

I

idea .... **la idea**
identification .... **la identificación**
identification card .... **la tarjeta de identidad**
identify, to .... **identificar**
ignore instructions, to .... **ignorar las instrucciones**
ill .... **enfermo(a)**
ill health .... **la mala salud**
ill, to be .... **estar enfermo(a); estar malo(a)**
illiteracy .... **el analfabetismo**

illiterate .... **analfabeto(a)**
illness, chronic .... **la enfermedad crónica**
illness, serious .... **la enfermedad seria; la enfermedad grave**
illustration .... **la ilustración**
image .... **la imagen**
imagine, to .... **imaginar**
immigrant .... **el (la) inmigrante**
immune .... **inmune**
immunization .... **la inmunización**
immunization dates .... **las fechas de vacunación**
immunization record, official .... **el libro oficial de registro de vacuna**
immunization requirement .... **el requisito de inmunización; el requisito de immunización**
immunizations, required .... **las inmunizaciones requeridas**
impairment .... **el impedimento**
impetigo .... **el impétigo**
improper use of equipment .... **el uso inadecuado del equipo**
improve oneself, to .... **mejorarse**
improve, to .... **mejorar**
improvement .... **el mejoramiento**
inability to pay .... **la falta de recursos para pagar**
inappropriate .... **impropio**
inattention .... **la desatención**
inattentive .... **desatento(a)**
incest .... **el incesto**
inch .... **la pulgada**
incoherent .... **incoherente**
incomplete .... **incompleto(a)**
increase .... **la amplificación; el incremento**
increase, to .... **aumentar**
incubation period .... **el período de incubación**
indefinite .... **indefinido(a)**
indent, to .... **sangrar; endentar**
index .... **el índice**
index card .... **la ficha**
indigestion .... **la indigestión**
individual educational plan .... **el programa educativo individualizado**
individualized progress report .... **el informe individual de progreso**
inequality .... **la desigualdad**
infantile paralysis .... **la parálisis infantil; el polio**
infected .... **infectado(a)**

infection .... **la infección**
infectious .... **contagioso(a); infeccioso(a)**
infestation .... **la infestación**
infinite .... **el infinito**
infinitive .... **el infinitivo**
inflamed .... **inflamado(a)**
inflammation .... **la inflamación**
influenza .... **la gripe; la influenza**
inform, to .... **avisar; informar**
information card, medical .... **la tarjeta de información médica**
information, confidential .... **la información confidencial**
information, exchange of .... **el intercambio de información**
information, release of .... **la cesión de información**
informed, to keep .... **ponerse al corriente; informarse**
infraction, serious .... **la infracción seria**
ingrown .... **enterrado(a)**
ingrown nail .... **la uña enterrada; la uña clavada en la carne**
inject, to .... **inyectar**
injection .... **la inyección**
injure, to .... **dañar; hacer daño a; lastimar a; herir a**
injury, head .... **la lesión de la cabeza**
injury, physical .... **el daño físico**
injury (wound) .... **la herida; la lesión; el daño**
insanity .... **la locura**
insecure .... **inseguro(a)**
inside (inner part) .... **el interior**
insomnia .... **el insomnio**
inspect .... **inspeccionar**
institution .... **la institución**
instruction .... **la instrucción; la enseñanza**
instruction, basic .... **la instrucción básica**
instruction, computer assisted .... **la instrucción asistida por computadora**
instruction, individual .... **la instrucción individual**
instructions, special .... **las instrucciones especiales**
instructor .... **el (la) instructor(a)**
intelligence .... **la inteligencia**
intelligence quotient .... **el cociente intelectual**
intelligent .... **inteligente**
intelligent, highly .... **muy inteligente**
intent (characteristic) .... **intento(a)**

interdistrict attendance permit .... **el permiso de asistencia entre distritos**
interdistrict transfer .... **el traslado entre distritos**
interest .... **el interés**
interested .... **interesado(a)**
intermurals .... **los entremurales; los juegos entre instituciones**
international club .... **el club internacional**
interpret, to .... **interpretar**
interpreter .... **el (la) intérprete**
intersect, to .... **cortar**
intersection .... **la intersección**
intersession classes .... **las clases de vacaciones; las clases de intersesión**
interval .... **el intervalo**
intervention .... **la intervención**
interview .... **la entrevista**
intoxicants .... **lo que produce embriaguez; lo que intoxica**
intoxicated, to become .... **embriagarse; emborracharse**
intradistrict attendance permit .... **el permiso de asistencia dentro del distrito**
intradistrict transfer .... **el traslado dentro del distrito**
introverted .... **introvertido(a)**
Invention Convention .... **La Convención de Inventores**
inverse operation .... **la operación inversa**
irritation .... **la irritación**
isosceles triangle .... **el triángulo isósceles**
Italian .... **el italiano**
itch .... **la comezón; la picazón**
itch (the) .... **la sarna**
itchy .... **sentir comezón; sentir picor**

J

janitor .... **el (la) portero(a); el (la) técnico(a) de mantenimiento**
Japanese .... **el japonés**
jar .... **el tarro; el frasco**
jaundice .... **la ictericia; la piel amarilla**
jaw .... **la quijada; la mandíbula**
jog-a-thon .... **el maratón del trote corto**
jump rope .... **el saltador; la comba; el lazo de brincar; la pita de saltar**

junior (student) .... **el (la) estudiante de tercer año de secundaria**
junior high school .... **la escuela secundaria; la escuela intermedia**
juvenile hall .... **el centro de detención de menores**

K

karate .... **el karate**
keep pace with, to .... **andar al mismo paso que; no quedarse atrás**
keep quiet, to .... **quedarse callado(a); estarse quieto(a)**
keep up, to .... **mantenerse; no atrasarse**
key (of a keyboard) .... **la tecla**
keystroke .... **la depresión del teclado**
kick, to .... **dar un puntapié; dar una patada**
kidney disease .... **la enfermedad de los riñones**
kindergarten .... **el kínder; el jardín de la infancia; la escuela de párvulos**
kindergartner .... **el (la) niño(a) de kínder; el (la) niño(a) de párvulo**
knife .... **el cuchillo; la navaja**
knot on the head .... **el chichón**
know how to . . . , to .... **saber** (+ infinitive)

L

laboratory .... **el laboratorio**
laceration .... **la laceración**
laminator .... **el laminador**
language (speech) .... **el idioma; la lengua**
language arts .... **las letras**
language, foreign .... **la lengua extranjera**
language, home .... **el idioma (la lengua) hablado(a) en casa**
language, oral .... **el lenguaje oral**
language, severe disorders of .... **las irregularidades severas del habla**
language specialist .... **el (la) especialista de lenguaje**
language (subject) .... **el lenguaje; el idioma**
language, using bad .... **el uso de lenguaje grosero**
laps .... **las vueltas**
laryngitis .... **la laringitis**

late, to be .... **llegar tarde**
Latin .... **el latín**
law, federal .... **la ley federal**
law, state .... **la ley estatal**
leadership conference .... **la conferencia sobre liderato**
leadership training .... **el entrenamiento para liderato**
leaf through, to .... **hojear**
league .... **la liga**
league, little .... **la liga juvenil**
league title .... **el título de la liga**
learn, to .... **aprender**
learning .... **el aprendizaje**
learning assistance program .... **el programa de asistencia de aprendizaje**
learning assistance specialist .... **el (la) especialista de asistencia en enseñanza**
learning center .... **el centro de aprendizaje**
learning handicap .... **el impedimento de aprendizaje**
learning handicapped .... **impedido de aprendizaje**
learning problem .... **el problema de aprendizaje**
leave, to .... **salir**
leave without permission, to .... **salir sin permiso**
left .... **la izquierda**
leg, broken .... **la pierna rota; la pierna quebrada**
legal guardian .... **el guardián legal**
legend .... **la leyenda**
length .... **la longitud**
lesion .... **la lesión**
less (followed by a number) .... **menos de . . .**
less than (in comparison) .... **menos que . . .**
lesson .... **la lección**
lessons, music .... **las lecciones de música**
lethargic .... **aletargado(a)**
lethargy .... **el estupor; el aletargamiento**
letter (initial) .... **la letra (inicial)**
letter, lower case .... **la minúscula; la letra pequeña**
letter (message) .... **la carta**
letter, upper case .... **la mayúscula**
letters (of the alphabet) .... **las letras**
leukemia .... **la leucemia**
lewd acts .... **las acciones obscenas**
lewd behavior .... **el comportamiento obsceno**
liable, financially .... **responsable económicamente**
librarian .... **el (la) bibliotecario(a)**

library .... **la biblioteca**
library book .... **el libro de la biblioteca**
library card .... **la tarjeta de la biblioteca**
library day .... **el día de la biblioteca; el día en que le toca ir a la biblioteca**
library hours .... **el horario de la biblioteca**
library, public .... **la biblioteca pública**
library, school .... **la biblioteca escolar**
lice .... **los piojos**
lie down, to .... **acostarse**
lie, to .... **mentir**
light switch .... **el interruptor de la luz**
limp .... **la cojera**
line (dotted) .... **la línea de puntos**
line segment .... **el segmento de recta**
line (of people) .... **la cola**
line up, to .... **hacer cola**
lineal measure .... **la medida lineal**
lip reading .... **el leer los labios; la labiolectura**
lip-read .... **leer los labios**
liquid .... **el líquido**
liquor .... **el licor**
list .... **la lista**
list, to .... **poner en una lista; enumerar**
listen, to .... **escuchar**
listening center .... **el centro para escuchar; el centro de escucha**
listless .... **apático(a); indiferente; lánguido(a)**
liter .... **el litro**
literate .... **instruido(a); que sabe leer y escribir**
literature .... **la literatura**
lively .... **animado(a); vivo(a)**
loan .... **el préstamo**
locate .... **encontrar; localizar**
locker room .... **el vestuario**
lockjaw .... **el tétano; el trismo**
loitering, to be .... **holgazanear; estar perdiendo el tiempo; estar parado sin motivo**
longer .... **más largo**
longest .... **el (la) más largo(a)**
longitude .... **la longitud**
look at .... **mirar**

look for .... **buscar**
losing school property .... **el perder pertenencias de la escuela**
loss of thought .... **la pérdida de pensamiento**
lost and found .... **artículos perdidos y encontrados**
lump .... **el chichón; el bulto; la protuberancia**
lunch .... **el almuerzo; la comida del mediodía**
lunch bag .... **la bolsa del almuerzo**
lunch box .... **la cajita del almuerzo**
lunch (breakfast) price .... **el precio del almuerzo (del desayuno)**
lunch, free .... **las comidas gratis; el almuerzo gratis**
lunch money .... **el dinero para el almuerzo**
lunch period .... **el período de almuerzo**
lunch program, prepaid .... **el programa de almuerzos pagados por adecentado**
lunch, reduced price .... **las comidas (el almuerzo) a precio reducido**
lunch table .... **la mesa del almuerzo**
lunch ticket .... **el boleto para el almuerzo**
lunch time .... **la hora del almuerzo**
lying (falsehoods) .... **mintiendo**

M

magazine drive .... **la venta de revistas**
magazine(s) .... **la(s) revista(s)**
magnet school .... **la escuela de especializaciones**
maintain, to .... **mantener**
maintenance worker .... **el (la) técnico de mantenimiento**
make, to .... **hacer**
makeup requirements .... **el trabajo requerido para compensar por la tarea no hecha**
malaria .... **la malaria; el paludismo**
malformation .... **la malformación**
malignant .... **maligno(a)**
malnourished .... **desnutrido(a)**
malnutrition .... **la desnutrición; la mala nutrición**
maltreat, to .... **maltratar a**
map(s) .... **el (los) mapa(s)**
marathon .... **el maratón**

margin .... **el margen**
marijuana .... **la mariguana**
mark, to .... **marcar**
mastery .... **el dominio**
match .... **el partido**
material .... **el material**
materials, instructional .... **los materiales educativos**
mathematics .... **las matemáticas**
meals, free .... **las comidas gratis**
meals, low cost .... **las comidas de precios bajos**
meals, nutritious .... **las comidas nutritivas**
meals, reduced price .... **las comidas a precio reducido**
mean (average) .... **la media**
meaning .... **el sentido; el significado**
measles .... **el sarampión**
measles (German) .... **la rubéola**
measure .... **la medida**
measure, to .... **medir**
measurement .... **la medida; la medición**
measures, to take .... **tomar las medidas**
media center .... **el centro de instrumentos de comunicación**
medical appointment .... **una cita con el médico**
medical intervention .... **la intervención médica**
medical problems .... **los problemas médicos**
medication .... **los medicamentos; las medicinas**
medication, to administer .... **administrar la medicina**
medication, to take .... **tomar la medicina**
meet, to .... **asistir a; encontrarse con**
meeting(s) .... **la(s) junta(s); la(s) entrevista(s); la(s) cita(s)**
meeting(s) (large groups) .... **la(s) reunión(es)**
memorize, to .... **memorizar; aprender de memoria**
memory .... **la memoria**
memory, auditory .... **la memoria auditiva**
memory, visual .... **la memoria visual**
meningitis .... **la meningitis**
menstruation .... **la menstruación; la regla; el período**
mental suffering .... **el sufrimiento mental**
meters .... **los metros**
method, long .... **el método largo**
method, short .... **el método corto**
method, three step .... **el método de tres pasos**

methodology .... **la metodología**
metric system .... **el sistema métrico decimal**
Mexican-American history .... **la historia mexicoamericana**
middle school .... **la escuela secundaria; la escuela intermedia**
migraine .... **la jaqueca; la migraña**
migrant education .... **la educación para migrantes**
migrant worker .... **el trabajador migratorio**
milk .... **la leche**
milk carton .... **el cartón de la leche**
minimal .... **mínimo**
minimum day schedule .... **el horario de día reducido**
minus (-) .... **menos**
minutes .... **los minutos**
miscarriage .... **el aborto espontáneo; el malparto**
miserable .... **indispuesto(a)**
mix, to .... **mezclar**
mixed numeral .... **el numeral mixto**
model .... **el modelo**
modifier .... **el modificador**
mole .... **el lunar**
molest, to .... **vejar; aprovecharse sexualmente**
molestation .... **la vejación sexual**
money .... **el dinero**
money (coins) .... **las monedas**
mononucleosis .... **la mononucleosis**
moods .... **los accesos de mal humor**
moody .... **malhumorado(a)**
morning sickness .... **las náuseas matutinas**
mosquito bite .... **la picadura del mosquito (del zancudo)**
mother (used by adults--formal) .... **la madre**
mother (used by children and adults) .... **la mamá**
mother-in-law .... **la suegra**
motion sickness .... **el mareo**
motivational meet .... **el encuentro para motivar**
motor sensory functioning .... **el funcionamiento motorsensorio**
mouse (computer) .... **el ratón electrónico**
mouth .... **la boca**
mouthwash .... **el enjuague bucal; el enjuague dental**
move, to .... **mover**
movie projector .... **el proyector de películas**

multiple .... **el múltiplo**
multiple sclerosis .... **la esclerosis múltiple**
multiple(s), common .... **el (los) múltiple(s) común (comunes)**
multiplication .... **la multiplicación**
multiply, to .... **multiplicar**
mumps .... **las paperas**
muscular dystrophy .... **la distrofia muscular**
music .... **la música**
music, instrumental .... **la música instrumental**
music teacher .... **el (la) maestro(a) de música**
music, vocal .... **la música vocal**
musical instrument(s) .... **el (los) instrumento(s) musical(es)**
myopia .... **la miopía**

N

nail biting .... **morderse las uñas**
name .... **el nombre**
name, first .... **el nombre de pila**
name, middle .... **el segundo nombre**
name, student's .... **el nombre del alumno (de la alumna)**
name, to .... **nombrar**
name(s), last .... **el (los) apellido(s)**
napkin .... **la servilleta**
narcotics .... **los narcóticos**
narrate, to .... **narrar**
narration .... **la narración**
natural number .... **el número natural**
naturalized citizen .... **el (la) ciudadano(a) naturalizado(a)**
nature .... **la naturaleza**
naughty .... **desobediente; pícaro(a)**
nausea .... **la náusea**
nauseous .... **mareado(a)**
nearsightedness .... **el (la) miope**
needs, exceptional .... **las necesidades excepcionales**
negative consequences .... **las consecuencias negativas**
negative number .... **el número negativo**
neglect .... **la negligencia; el descuido**
neglect, to .... **descuidar; desatender**
neglected .... **descuidado(a)**
negligence .... **la negligencia**
negligent .... **negligente**

neighbor(s) .... **el vecino; los vecinos**
nephew .... **el sobrino**
nervous .... **nervioso(a)**
nervous breakdown .... **el colapso nervioso**
net .... **la red**
network (computer) .... **la red electrónica**
neurosis .... **la neurosis**
neurotic .... **neurótico(a)**
newspaper .... **el periódico; el diario**
newspaper, school .... **el periódico de la escuela**
nickname .... **el apodo**
niece .... **la sobrina**
nightmare .... **la pesadilla**
noisy .... **ruidoso(a)**
non-conformist .... **el (la) disidente**
non-English-speaking .... **de habla no inglesa**
noncompliance .... **el no cumplimiento**
nondiscrimination policy .... **la norma de no discriminar**
none .... **ninguno**
nonfiction .... **los libros de temas reales**
normal .... **normal**
nose (runny) .... **le moquean las narices**
nose (bloody) .... **la nariz que sangra**
nosebleed .... **la hemorragia nasal; el sangrar por la nariz**
note .... **la nota**
note, tardy .... **una nota de tardanza**
notebook .... **el cuaderno; la libreta; el librito**
notebook, art .... **el cuaderno de dibujos**
notebook, with graph paper .... **el cuaderno cuadriculado**
notice of bad conduct .... **el aviso de mala conducta**
notification, annual .... **el aviso anual**
notification of parents .... **la notificación a los padres**
notification, official .... **la notificación oficial**
notification, written .... **el aviso por escrito**
notify, to .... **notificar; avisar**
noun .... **el nombre**
novels .... **novelas**
novocaine .... **la novocaína; la procaína**
number .... **el número**
number (a two digit number) .... **el número de dos dígitos**
number line .... **la recta numérica**
number sentence .... **la oración numérica**
number theory .... **la teoría de los números**

numbness .... **el entumecimiento; la insensibilidad**
numeral .... **el numeral**
numeration .... **la numeración**
numerators .... **los numeradores**
numerical tables .... **las tablas numéricas**
nurse .... **el (la) enfermero(a)**
nurse, school .... **el (la) enfermero(a) escolar**
nurse's office .... **la oficina de la enfermera**
nutrition program .... **el programa de nutrición**

O

obese .... **obeso(a)**
obey, to .... **obedecer**
obscene act(s) .... **la(s) acción (acciones) impúdica(s); el (los) acto(s) obsceno(s); la(s) acción (acciones) indecente(s)**
observe, to .... **observar**
obstinate .... **obstinado(a); terco(a); rebelde**
obtain, to .... **obtener**
occupation .... **la ocupación**
odd number .... **el número impar**
office .... **la oficina**
office manager .... **el (la) gerente de la oficina; el (la) director(a) de la oficina**
office, school .... **la oficina escolar**
office worker .... **el (la) oficinista**
officially .... **oficialmente**
on time .... **a tiempo**
on time, to arrive .... **llegar a tiempo**
one thousands .... **unidades de millar**
one to one correspondence .... **la correspondencia de uno a uno**
ones .... **las unidades**
Open House .... **La Visita Anual a los Salones de Clase**
open, to .... **abrir**
operation .... **la operación**
ophthalmologist .... **el (la) oftalmólogo(a)**
opportunity school .... **la escuela de oportunidad**
opposites .... **los (las) opuestos(as)**
optometrist .... **el (la) optometrista**
oral .... **oral**
oral language .... **el lenguaje oral**

oral report .... **el informe oral**
ordeal .... **la prueba rigurosa; la prueba penosa**
ordered pair .... **el par numérico; el par ordenado**
ordinal numbers .... **los números ordinales**
orientation day .... **el día de orientación**
orthodontist .... **el (la) ortodontista**
outburst .... **el arrebato de cólera; una explosión de cólera**
outdoor education program .... **el programa educativo al aire libre**
outgrow, to .... **perder con la edad**
outlet (electrical) .... **el enchufe**
outline .... **el bosquejo**
overbearing .... **altanero(a); imperioso(a); autoritario(a)**
overcome, to .... **vencer; superar**
overdose .... **la sobredosis; la dosis excesiva**
overdue .... **atrasado**
overexertion .... **el esfuerzo excesivo**
overexposure .... **la sobreexposición**
overhead projector .... **el proyector de transparencias**
overweight, to be .... **que pesa demasiado; estar excesivamente grueso**

P

pace, to keep pace with .... **andar al mismo paso que; no quedarse atrás**
page (in a book) .... **la página**
pain .... **el dolor**
pain, emotional .... **el dolor emocional**
pain, physical .... **el dolor físico**
painful .... **doloroso(a)**
pains, growing .... **el dolor de crecimiento**
paint, to .... **pintar**
paints .... **las pinturas**
paints, spray .... **las pinturas de esprey**
paints (water colors) .... **las acuarelas**
pairs .... **los pares**
pale .... **pálido(a)**
palpitations .... **las palpitaciones**
palsy, cerebral .... **la parálisis cerebral**
pamphlets .... **los folletos**
paper, blotting .... **el papel secante**

paper clips .... **los sujetapapeles; los clips**
paper, crepe .... **el papel de crepe**
paper cutter .... **el cortapapeles**
paper, double lined .... **el papel doble rayado**
paper, lined .... **el papel rayado**
paper, onion .... **el papel de cebolla**
paper (sheet of) .... **la hoja de papel**
paper, tissue .... **el papel de seda**
paper towel .... **la toalla de papel**
paperback book .... **el encuadernado en rústica; el libro de tapa flexible**
paper(s) .... **el (los) papel(es)**
parallel .... **paralelo(a)**
parallelogram .... **el paralelogramo**
paralysis .... **la parálisis**
paraphrase, to .... **parafrasear**
parasite .... **el parásito**
parent conference day(s) .... **el (los) día(s) de conferencia(s) con los padres**
Parent Teacher Association .... **La Asociación de Padres y Maestros**
Parent Teacher Organization .... **La Organización de Padres y Maestros**
parent(s) .... **el (los) padre(s)**
parenthesis .... **el paréntesis**
parking lot, faculty .... **el estacionamiento de los maestros; el aparcamiento de los maestros**
Parkinson's disease .... **la enfermedad de Parkinson**
parochial school .... **la escuela parroquial**
part .... **la parte**
participation .... **la participación**
pass out, to .... **desmayarse**
pass, to .... **pasar**
passport .... **el pasaporte**
paste .... **la goma de pegar**
paste (white) .... **el engrudo**
patience .... **la paciencia**
patient, to be .... **tener paciencia**
pause .... **la pausa**
pay attention, to .... **prestar atención; poner atención**
pay, to .... **pagar**
PCP .... **el polvo del ángel**
peelings .... **las cáscaras**

peer counseling .... **el programa de consejeros de iguales**
peer tutoring .... **la asistencia académica de iguales**
pen .... **la pluma**
pen, ball point .... **el bolígrafo**
pen, marking .... **el marcador**
pencil .... **el lápiz**
pencil, box of colored .... **la caja de lápices de colores**
pencil, colored .... **el lápiz de color**
pencil, mechanical .... **el lapicero**
pencil sharpener .... **el sacapuntas**
pens, colored felt tip .... **los plumones de colores**
pentagon .... **el pentágono**
pep rally .... **la asamblea para infundir aliento**
pep pill .... **el estimulante**
perception .... **la percepción**
performance (accomplishment) .... **el cumplimiento; el resultado**
performance (for an audience) .... **la función**
performance, student .... **el cumplimiento del estudiante**
perimeter .... **el perímetro**
period (punctuation) .... **el punto**
period (time)) .... **el período**
periodical .... **el periódico**
periodontal illness .... **la enfermedad periodontal**
permission .... **el permiso**
permission, written .... **el permiso por escrito; la autorización escrita**
permission, written parental .... **el permiso por escrito de los padres**
permit .... **el permiso; la autorización**
perpendicular .... **la perpendicular**
personal .... **personal**
personal hygiene program .... **el programa de higiene personal**
personality .... **la personalidad**
personnel, district .... **el personal del distrito**
personnel, school .... **el personal de la escuela**
persons, infected .... **las personas infectadas**
phonemes .... **los fonemas**
phonics .... **la fonética**
phrase .... **la frase**
physical activity, limitation of .... **la limitación de actividades físicas**
physical education .... **la educación física**
physical exam .... **el examen físico**
physical fitness test .... **el examen de aptitud física**

physical pain .... **el dolor físico**
physical problems .... **los problemas físicos**
physical problems, unattended .... **los problemas físicos descuidados**
physical punishment .... **el castigo físico (corporal)**
pick up location .... **el lugar de recogida**
pick up time .... **la hora de recogida**
pick up, to .... **coger; recoger**
picnic .... **la excursión campestre**
picture .... **el retrato**
pictures, class .... **las fotos de la clase**
pictures, school .... **las fotos de los estudiantes tomados en la escuela**
pigmentation, abnormal .... **la pigmentación anormal**
piles .... **las almorranas**
pimple(s) .... **el (los) grano(s)**
pin, to .... **prender**
pinkeye .... **la conjuntivitis**
pins .... **los alfileres**
pinworm .... **el gusano; la lombriz intestinal pequeña**
place of birth .... **el lugar de nacimiento**
place of employment .... **el lugar de empleo**
place value .... **el valor de posición**
placement .... **la colocación**
placement, academic .... **la colocación académica**
plane (level) .... **el plano**
plaque .... **la placa**
plate .... **el plato**
play (theatrical) .... **la obra de teatro**
play, to .... **jugar**
player(s) .... **el (los) jugador(es)**
playground .... **el patio (el área) de recreo; el campo de juego**
playground rules .... **las reglas del campo de juego**
playground supervisor .... **el (la) supervisor(a) del patio de recreo**
plug (electric) .... **el enchufe**
plural .... **el plural**
plus .... **más**
pneumonia .... **la pulmonía; la neumonía**
pockets .... **los bolsillos**
poem .... **el poema**
poetry .... **la poesía**
point .... **el punto**

point(s) .... **el (los) punto(s)**
poison ivy .... **la hiedra venenosa**
poisoning .... **el envenenamiento**
police .... **la policía**
policy .... **la política; las reglas**
policy, attendance .... **las reglas de asistencia a la escuela**
policy (board, district) .... **las normas (de la mesa directiva, del distrito); las reglas (de la mesa directiva, del distrito)**
policy, violation of school .... **la infracción de las reglas escolares**
polio .... **el polio; la parálisis infantil**
polygon .... **el polígono**
polyp .... **el pólipo**
possess . . . , to .... **la posesión de . . . ; el tener . . .**
possession, illegal .... **la posesión ilegal**
possession of alcohol, tobacco or drugs .... **la posesión de alcohol, tabaco o drogas**
possessive .... **el posesivo**
postpone, to .... **posponer; postergar**
pot (drug) .... **la mariguana**
potential .... **el potencial; la capacidad**
pout .... **poner mala cara; hacer pucheros**
practice .... **la práctica**
practice, to .... **practicar**
praise .... **la alabanza; el elogio**
praise, to .... **elogiar; alabar**
predicate .... **el predicado**
predict, to .... **predecir**
prefix .... **el prefijo**
pregnancy .... **el embarazo; la preñez**
pregnant .... **embarazada; que está en estado**
prepaid lunch program .... **el programa de almuerzos pagados por adelantado**
preparation, academic .... **la preparación académica**
prepare, to .... **preparar**
preposition .... **la preposición**
preschool .... **el pre-kínder; la guardería infantil**
preschool .... **pre-kínder; guardería**
preschool program .... **el programa de pre-kínder; el programa de guardería**
preschooler .... **el (la) niño(a) de edad preescolar; el (la) niño(a) de edad párvulo**
present .... **el presente**

presentation .... **la presentación**
pressurized cans .... **las latas de esprey; las latas de atomizador**
pretend, to .... **fingir**
prevention .... **la prevención**
price .... **el precio**
prickly heat .... **el salpullido causado por el calor**
prime factor .... **el factor primo**
prime numbers .... **los números primos**
principal .... **el (la) director(a)**
principal's office .... **la oficina del director (de la directora)**
prints, art .... **los grabados de arte**
prism .... **el prisma**
private .... **privado(a)**
private school .... **el colegio particular; la escuela particular**
probability .... **la probabilidad**
problem .... **el problema**
problems, physical (unattended) .... **los problemas físicos (descuidados)**
problems, psychological .... **los problemas psicológicos**
procedure(s) .... **el (los) procedimiento(s); el (los) trámite(s)**
procrastinate, to .... **diferir de un día para otro; diferir**
product .... **el producto**
profanity (habitual) .... **el decir palabras obscenas (por costumbre)**
professional .... **profesional**
proficient .... **hábil; diestro(a); competente**
program .... **el programa**
program, individualized .... **el programa individualizado**
progress, to make .... **progresar**
prohibited behavior .... **el comportamiento prohibido**
prohibited on school grounds .... **prohibido en terreno de la escuela; prohibido en el recinto escolar**
project .... **el proyecto**
projector .... **el proyector**
projector, movie .... **el proyector de películas**
projector, overhead .... **el proyector de transparencias**
projector, slide .... **el proyector de diapositivas**
prom .... **el baile de graduación**
pronoun .... **el pronombre**
pronounce .... **pronunciar**

pronunciation .... **la pronunciación**
proof, legal .... **la prueba oficial**
proof of residence .... **la prueba de residencia**
property .... **la propiedad**
property of others .... **la propiedad ajena**
property, public .... **la propiedad pública**
property, stolen .... **la propiedad robada**
protractor .... **el transportador**
provide, to .... **proveer**
psycho-linguistic .... **sicolingüístico(a); psicolingüístico(a)**
psychological .... **psicológico**
psychological problems .... **los problemas psicológicos**
psychologist .... **el (la) psicólogo(a) el (la) sicólogo(a)**
public education .... **la educación pública**
public school .... **el colegio público; la escuela pública**
pull-ups .... **los ejercicios de "pull-ups"**
punctuality .... **la puntualidad**
punctuate, to .... **puntuar; poner los puntos**
puncture wound .... **el pinchazo; la perforación**
punishment, corporal .... **el castigo corporal**
punishment, excessive .... **el castigo excesivo**
punishment, physical .... **el castigo físico**
punishment, unjustifiable .... **el castigo injustificable**
Pupil Personnel Services .... **Servicios de Personal a Alumnos**
puppets .... **los títeres**
purchase, to .... **comprar**
purpose .... **el propósito**
pus .... **el pus; la superación**
push, to .... **empujar**
put away, to .... **guardar**
put, to .... **poner**
put together, to .... **juntar**
puzzle .... **el rompecabezas**
puzzle, crossword .... **el crucigrama**
puzzle, jigsaw .... **el rompecabezas**
pyramid .... **la pirámide**

Q

quadrilateral .... **el cuadrilátero**
qualify, to .... **calificar; habilitar; cumplir con los requisitos**
quantity .... **la cantidad**
quarrel, to .... **pelearse; reñir; disputar**
quarter, first .... **el primer cuarto del año**
quarter, fourth .... **el cuarto final del año; el último cuarto del año**
quarter hour .... **el cuarto de hora**
quarter (of the school year) .... **un cuarto del año**
quarter, second .... **el segundo cuarto del año**
quarter, third .... **el tercer cuarto del año**
question mark .... **el signo de interrogación**
question, to ask a .... **preguntar**
questionnaire .... **el cuestionario**
question(s) .... **la (las) pregunta(s)**
quiet .... **quieto(a); callado(a); silencioso(a)**
quiet down, to .... **calmarse; tranquilizarse; dejar de hacer ruido**
quiet, to keep .... **callarse; estarse callado**
quotation .... **la cita**
quotation marks .... **las comillas**
quotation marks, in .... **entre comillas**
quotient .... **el cociente**

R

rabies .... **la rabia**
racially derogatory remarks .... **los comentarios racistas**
racist slur .... **dichos racistas**
rack (stand) .... **el estante**
racquet .... **la raqueta**
racquetball .... **el rácquetbol**
radius .... **el radio**
raffle .... **la rifa**
railroad track crossings .... **el cruce de ferrocarril**
rape .... **la violación**
rash .... **el sarpullido; la erupción de la piel**
ratio .... **la proporción; la razón**
rays .... **los rayos**
read, to .... **leer**
reader (book) .... **el libro de lectura**

reading, easy .... **la lectura fácil**
reading habits .... **los hábitos de leer**
reading level .... **el nivel de lectura**
reading, remedial .... **la lectura remediatora**
reading (school subject) .... **la lectura**
reading specialist .... **el (la) especialista de lectura**
reason, authorized .... **la razón autorizada**
reasoning .... **el razonamiento**
reassessment .... **la reevaluación**
recall .... **el recuerdo**
receive, to .... **recibir**
recess .... **el recreo**
recess, loss of .... **la pérdida del tiempo de recreo**
recite, to .... **recitar**
recognize, to .... **reconocer**
record, immunization .... **el comprobante de inmunización (vacunas)**
record player .... **el tocadiscos**
records (files) .... **los archivos; los datos; las fichas**
records (incomplete, complete) .... **los archivos (incompletos, completos)**
recreation program .... **el programa de recreación**
rectangle .... **el rectángulo**
reduce (a fraction), to .... **simplificar; reducir**
referral, medical .... **la acción de enviar un paciente a un médico (especialista)**
referred to the office, to be .... **ser referido(a) a la oficina**
region .... **la región**
register, to .... **inscribir(se); registrar(se); matricular(se)**
registration .... **la matrícula**
registration card .... **la tarjeta de matriculación**
regroup, to .... **reagrupar**
regulations (district, state, federal) .. **las regulaciones (del distrito, del estado, federal)**
regulations, government .... **las regulaciones gubernamentales**
rehabilitation program .... **el programa de rehabilitación**
reinfection .... **la reinfección**
reinfestation .... **la reinfestación**
relapse .... **la recaída**
relationship to student .... **el parentesco con el estudiante**
relative(s) .... **el (la) pariente; los parientes; el (los) familiar(es)**
relay(s) .... **la carrera de relevos**

reluctant .... **renuente; maldispuesto(a)**
remainder .... **el residuo; el restante**
remedial reading .... **la lectura remediadora; la lectura de lecciones atrasadas**
remember, to .... **recordar; acordarse**
repeat, to .... **repetir**
report .... **el informe; el reporte**
report card .... **la tarjeta de calificaciones**
report, psychological .... **el informe psicológico**
report, to .... **notificar; reportar; informar**
report, verbal progress .... **el informe verbal sobre el progreso**
report, written .... **el reporte escrito**
report, written progress .... **el informe escrito sobre el progreso**
request .... **la solicitud; la petición**
request a conference, to .... **pedir una conferencia**
request, parental written .... **la petición del padre (de lo padres) por escrito**
request, written .... **la petición escrita**
requirement(s) .... **el requisito; los requisitos**
requirements, make up .... **el trabajo adicional para compensar por la tarea no hecha**
reserve book card .... **la tarjeta de libros en reserva**
reserved .... **introvertido(a)**
residence .... **la residencia**
residence, area of .... **el área en que reside(n)**
residence, change of .... **el cambio de residencia**
residence, proof of .... **la prueba de residencia**
residence requirements .... **los requisitos de residencia**
residency statement .... **la declaración de residencia**
resident, legal .... **el residente legal**
resolve, to .... **resolver**
resource specialist .... **el (la) especialista de recursos**
respect, to .... **respetar**
respiratory disease .... **la enfermedad respiratoria**
responsible .... **responsable**
responsible, financially .... **responsable económicamente**
responsible for .... **responsable por**
responsible, to be .... **ser responsable**
rest room .... **el cuarto de baño; el servicio; el baño**
rest, to .... **descansar**
restless .... **intranquilo(a)**
restriction .... **la limitación**

restrictions, physical .... **las restricciones físicas**
result(s) .... **el (los) resultado(s)**
retain, to .... **retener; detener**
retarded, educationally .... **retrasado(a) educativamente**
retarded, mentally .... **retrasado(a) mental**
retention .... **la retención**
retention policy .... **las normas de retención**
return (an object) .... **devolver; regresar**
return (to a place) .... **volver; regresar**
return (to put something back) .... **volver a poner; devolver a su sitio**
review, annual .... **la revista anual**
review, to .... **repasar; revisar**
review, triennial .... **la revista trienal**
Rh factor .... **el factor Rhesus**
rheumatic fever .... **la fiebre reumática**
rhyme .... **la rima**
rhyme, to .... **rimar**
rickets .... **la raquitis; el raquitismo**
riddle .... **la adivinanza**
right angle .... **el ángulo recto**
right triangle .... **el triángulo recto**
rights .... **los derechos**
rights and responsibilities, parental .... **los derechos y responsabilidades de los padres**
rights, legal .... **los derechos legales**
rights, notification of .... **la notificación de derechos**
rights, parental .... **los derechos de los padres**
rings (playground equipment) .... **los anillos**
ringworm .... **la tiña**
rinse, to .... **enjuagar**
Roman numerals .... **los números romanos**
room (class) .... **la clase; el cuarto; el salón; el aula de clase**
room number .... **el número del cuarto**
root .... **la raíz**
root canal .... **el canal de la raíz**
roughhousing .... **el portarse bruscamente**
round, to (numbers) .... **redondear**
roundworm .... **la lombriz intestinal**
routes .... **las rutas**
rubella .... **la rubéola**
rude .... **grosero(a); brusco(a); rudo(a)**
rug .... **el tapete; la alfombra**

ruler .... **la regla**
rules .... **las reglas**
rules of student conduct .... **las reglas del comportamiento estudiantil**
rules, school .... **las reglas de la escuela**
run, to .... **correr**
run-a-thon .... **el maratón de carreras**
run-walk .... **el correr-andar**
runner .... **el corredor**
rupture .... **la ruptura; la rotura; el rompimiento**
Russian .... **el ruso**

S

safety patrol .... **la patrulla estudiantil de seguridad**
safety procedures .... **los procedimientos de seguridad**
sale, bake .... **la venta de productos del horno**
sale, candy .... **la venta de dulces**
salmonella .... **la salmonela**
sandbox .... **la caja de arena; el cajón de arena para juegos infantiles**
SAT results .... **los resultados del examen SAT**
satisfactory .... **satisfactorio(a)**
Saturday school .... **la escuela de los sábados**
save, to .... **guardar**
say, to .... **decir**
saying .... **el dicho**
scab .... **la postilla; la costra**
scabies .... **la sarna**
scar .... **la cicatriz**
scarlet fever .... **la escarlatina**
scarring .... **dejando cicatrices**
schedule .... **el horario**
schedule change .... **el cambio del horario**
school .... **la escuela**
school actually attending .... **la escuela de asistencia actual**
school attendance, irregular .... **la asistencia escolar irregular**
school attendance, regular .... **la asistencia escolar regular**
school board .... **la mesa directiva; la junta escolar**
school board member .... **el (la) miembro de la mesa directiva; el (la) miembro de la junta directiva**

school breakfast and lunch program .... el programa de desayunos y almuerzos
school calendar .... el calendario escolar
school district .... el distrito escolar
school district transportation .... el transporte escolar
school, first day of .... el primer día de clases
school for science and math .... la escuela de ciencias y matemáticas
school for technology .... la escuela de tecnología
school for the performing arts .... la escuela de artes interpretativas
school for the visual arts .... la escuela de artes visuales
school health office .... la oficina de salubridad de la escuela
school hours .... las horas de la escuela
school nurse .... la enfermera escolar
school nutrition program .... el programa de nutrición escolar
school of attendance .... la escuela de asistencia actual
school of residence .... la escuela que corresponde al domicilio de la oficina
school office hours .... las horas de la oficina; las horas hábiles de la oficina
school officials .... los oficiales escolares; los funcionarios escolares
school property .... la propiedad de la escuela
school, Saturday .... la escuela de los sábados
School Site Council .... El Consejo de la Escuela
school, summer .... la escuela del verano
school supplies .... los útiles escolares
school year, beginning of the .... el principio del año escolar
school year, end of the .... el fin del año escolar
school-age child .... el (la) niño(a) de edad escolar
schooling .... la instrucción; la educación; la enseñanza
science .... la ciencia
science fair .... la feria de la ciencia
science fiction .... de ciencia ficción
science natural .... la ciencia natural; las ciencias naturales
scissors .... las tijeras
scoliosis .... la escoliosis
score (in competition) .... tanteo
score, to (in competition) .... marcar tantos
scores (grades) .... las calificaciones

scores, test .... **los resultados del examen (de los exámenes)**
scotch tape .... **la cinta adhesiva**
scratch .... **el rasguño; el arañazo**
screen .... **la pantalla**
screening test .... **el examen de selección**
screening program .... **el programa de selección y eliminación**
scribble, to .... **garrapatear**
season .... **la temporada**
seats, assigned .... **los asientos reservados**
second grader .... **el (la) alumno(a) del segundo año (grado)**
secondary school student .... **el (la) alumno(a) de secundaria**
seconds .... **los segundos**
secretary .... **el secretario; la secretaria**
see, to .... **ver**
segment .... **el segmento**
seizures .... **los ataques; las convulsiones**
self-conscious .... **cohibido(a); tímido(a); apocado(a)**
self-control .... **el dominio de sí mismo**
self-discipline .... **la autodisciplina**
self-image, negative .... **el concepto negativo de sí mismo**
self-image, positive .... **el concepto positivo de sí mismo**
semester .... **el semestre**
semester, beginning of the first .... **el principio del primer semestre**
semester, beginning of the second .... **el principio del segundo semestre**
semester, end of the first .... **el final del primer semestre**
semester, end of the second .... **el final del segundo semestre**
semicircle .... **el semicírculo**
send, to .... **mandar**
senior (student) .... **el (la) estudiante de cuarto año de secundaria**
sensitive .... **sensible**
sentence .... **la oración; la frase**
sequence .... **la secuencia**
serve, to .... **servir**
service club .... **el club de servicio**
service project .... **el proyecto del club de servicio**
set, to .... **poner**
set (math) .... **el conjunto**
seventh grader .... **el (la) alumno(a) del séptimo año (grado)**
sex .... **el sexo**

sex education .... **la educación sexual**
sexual abuse .... **el abuso sexual**
sexual assault .... **el asalto sexual**
sexual exploitation .... **la explotación sexual**
shelves .... **las estanterías**
shock .... **la conmoción; el choque; la prostración nerviosa**
shorter (space, time, quantity) .... **más corto**
shorter (stature) .... **más bajo**
shortest (space, quantity) .... **el (la) más corto(a)**
shortest (stature) .... **el (la) más bajo(a)**
shortness of breath .... **la falta de aire; la respiración corta**
show and tell .... **mostrar y decir**
show (stage) .... **el expectáculo**
show, to .... **mostrar; enseñar**
shut, to .... **cerrar**
shy .... **tímido(a)**
sick, to be .... **estar enfermo(a); estar malo(a)**
sickly .... **enfermizo(a)**
sickness .... **la enfermedad**
sign a child out, to .... **firmar para poder recoger a un(a) niño(a)**
sign, to .... **firmar**
signature .... **la firma**
signs (+,-) .... **los signos**
silverware .... **los cubiertos**
similar .... **similar**
similarities .... **las semejanzas**
simple closed curve .... **la curva cerrada simple**
sing, to .... **cantar**
sink (basin) .... **el lavabo; el lavamanos**
sinusitis .... **la sinusitis**
sister .... **la hermana**
sit down, to .... **sentarse**
sit-ups .... **los ejercicios de "sit-ups"**
sixth grader .... **el (la) alumno(a) del sexto año (grado)**
skateboard .... **el patinete; el monopatín**
skills, basic .... **las habilidades básicas**
skin disease .... **la enfermedad de la piel**
sleeping pills .... **las píldoras para dormir**
sleeplessness .... **el insomnio**
sleepy .... **soñoliento(a)**
slide (playground) .... **el resbaladero**

slide projector .... **el proyector**
sliver .... **la astilla**
slow to move .... **lento(a) para moverse**
slow to understand .... **lerdo(a)**
small (stature) .... **bajo(a)**
smallpox .... **la viruela**
smart .... **listo(a); inteligente**
smoke, to .... **fumar**
smoking .... **el fumar; fumando**
snakebite .... **la mordedura de serpiente**
sneeze .... **el estornudo**
sneezing .... **los estornudos**
sniff, to .... **sorber por las narices**
sniffles .... **el ataque de resoplidos; el ruido de la nariz**
snuff .... **el tabaco en polvo**
soap .... **el jabón**
soccer .... **el fútbol**
social science .... **la ciencia social**
social security number .... **el número de la seguridad social**
softball .... **el sóftbol**
software, computer .... **los programas para computadoras**
solitary .... **solitario(a)**
solution .... **la solución**
solve, to .... **solucionar**
some .... **algunos**
son-in-law .... **el yerno**
son .... **el hijo**
sophomore .... **estudiante de segundo año de secundaria**
sore (adjective) .... **dolorido(a)**
sore (noun) .... **la llaga; la úlcera; la herida; la lesión**
sore throat .... **el dolor de garganta**
sound (unvoiced) .... **el sonido sordo**
sound (voiced) .... **el sonido sonoro**
sound(s) .... **el (los) sonido(s)**
space .... **el espacio**
Spanish .... **el español**
Spanish-speaking .... **el (la) hispanoparlante**
spasm .... **el espasmo**
spatial .... **espacial**
speak, to .... **hablar**
special day class .... **clase especial durante el día**

Special Education .... **La Educación Especial**
Special Education Advisory
Committee .... **El Comité Asesor de la Educación Especial**
Special Olympics .... **Las Olimpíadas Especiales**
specialist .... **el (la) especialista**
specialized curriculum .... **el currículo especializado**
specify, to .... **especificar**
speech (an address) .... **la oratoria**
speech clinic .... **la clínica del habla (del lenguaje)**
speech correction .... **la rehabilitación del habla**
speech impediment .... **el impedimento del habla**
speech or language impaired .... **impedimento del habla o lenguaje**
speech (the act of speaking) .... **el habla**
speech therapist .... **el (la) terapeuta del habla (del lenguaje); el (la) terapista**
speech therapy .... **la terapia del habla**
spell, to .... **deletrear**
spelling .... **la ortografía**
spelling bee .... **el concurso de ortografía; el certamen de deletreo**
sphere .... **la esfera**
spider bite .... **la picadura de araña**
spill, to .... **derramar**
spitting .... **el escupir; escupiendo**
splinter .... **la astilla**
sponge .... **la esponja**
spoon .... **la cuchara**
sport(s) .... **el (los) deporte(s)**
sport(s), competitive .... **el (los) deporte(s) de competición**
sports, contact .... **los deportes de contacto**
sports event .... **el evento deportivo**
sports field .... **el campo de deportes**
sports program .... **el programa deportivo**
sprain .... **la torcedura; el desgarro**
square .... **el cuadrado**
square root .... **la raíz cuadrada**
squint, to .... **bizquear**
stadium .... **el estadio**
staff .... **el personal**
stamina, lack of .... **la falta de vigor; la falta de resistencia**
stamp .... **el sello**
stand up .... **ponerse de pie; levantarse; pararse**

standards .... **los criterios**
stapler .... **la grapadora**
staples .... **las grapas**
start .... **comenzar; empezar**
state .... **el estado**
state department of education .... **el departamento estatal de educación**
state law .... **la ley estatal**
state regulations .... **las normas estatales**
stay, to .... **quedar(se); permanecer**
steal, to .... **robar**
stealing .... **el robar; robando**
stepdaughter .... **la hijastra**
stepson .... **el hijastro**
steroids .... **los esteroides**
stiff .... **rígido(a); tieso(a)**
stiff neck .... **la tortícolis**
stimulant .... **el estimulante**
sting, bee .... **la picadura de abeja**
sting, wasp .... **la picadura de avispa**
stomach cramp(s) .... **el (los) calambre(s) del estómago**
stomachache .... **el dolor de estómago**
stop, to .... **parar**
storage room .... **el almacén; el depósito**
story .... **el cuento**
straw (for liquids) .... **el popote; la pajilla; la bombilla**
strengths .... **las habilidades**
strep throat .... **la infección estreptococal de la garganta**
stress .... **la tensión; el estrés; la postración nerviosa**
student .... **el (la) estudiante; alumno(a)**
student council .... **el consejo estudiantil; la junta de estudiantes**
student body .... **el estudiantado**
student store .... **la tienda de los estudiantes**
students .... **los estudiantes; los alumnos**
studious .... **estudioso(a)**
study habits .... **los hábitos de estudio**
study, place to .... **el lugar para estudiar**
study techniques .... **las técnicas de estudio**
study, time to .... **el tiempo para estudiar**
study, to .... **estudiar**
stutter, to .... **tartamudear**

stutterer .... **el (la) tartamudo(a)**
sty .... **el orzuelo**
subject .... **el sujeto**
subject matter .... **la(s) asignatura(s)**
subset .... **el subconjunto**
substance, controlled .... **la substancia controlada**
substitute teacher .... **el (la) maestro(a) sustituto(a); el (la) maestro(a) suplente**
subtract, to .... **restar**
subtraction .... **la resta; la sustracción**
succeed, to .... **tener éxito; acertar; lograr**
successful .... **exitoso(a); que tiene éxito**
suffix .... **el sufijo**
suggestive statements .... **los comentarios sugestivos**
suicidal .... **suicida**
suicide .... **el suicidio**
sum .... **la suma; la adición**
summarize .... **resumir**
summary .... **el sumario; el resumen**
summer school .... **la escuela de verano**
sunburn .... **la quemadura del sol**
sunburned .... **quemado(a) del sol**
sunstroke .... **la insolación**
superintendent .... **el (la) superintendente**
superlative .... **el superlativo**
superset .... **el superconjunto**
supervisor .... **el (la) supervisor(a)**
support, parental .... **el apoyo de los padres**
support, to .... **apoyar; soportar**
surface area .... **el área de superficie**
suspect, to .... **sospechar**
suspected abuse .... **el abuso sospechado**
suspended, to be .... **estar suspendido; estar bajo suspensión**
suspension .... **la suspensión**
suspension, notice of .... **la noticia de suspensión**
suspicion, reasonable .... **la sospecha razonable**
suspicion(s) .... **la(s) sospecha(s)**
swear, to .... **jurar; decir malas palabras**
swearing .... **diciendo malas palabras**
sweaty .... **sudoroso(a); cubierto de sudor**
sweet tooth .... **el gusto por los dulces; ser goloso**
swelling (noun) .... **la hinchazón**
swimming .... **la natación**

swings .... **los columpios**
swollen .... **hinchado(a)**
syllable .... **la sílaba**
symmetrical .... **simétrico(a)**
symptoms .... **los síntomas**
synonym .... **el sinónimo**
syntax .... **la sintaxis**
syphilis .... **la sífilis**

T

table (math) .... **la tabla**
table .... **la mesa**
tagger .... **el que ilegalmente pinta en los lugares públicos**
take away, to .... **restar; quitar**
take notes, to .... **tomar notas; tomar apuntes**
take, to .... **tomar**
talented .... **talentoso(a)**
talk .... **la plática; la charla**
talk, to .... **hablar; platicar; charlar**
talkative .... **hablador(a); locuaz**
taller .... **más alto(a)**
tallest .... **el (la) más alto(a)**
tangent .... **la tangente**
tantrum(s) .... **el (los) berrinche(s); las rabietas**
tape .... **la cinta adhesiva**
tape recorder .... **la grabadora**
tape, videocassette .... **la cinta del video casetera**
tapeworm .... **la lombriz solitaria; la solitaria**
tardiness .... **la tardanza; el llegar tarde a clase**
tardiness, excused .... **la tardanza con excusa aceptable**
tardiness policy .... **las reglas de puntualidad**
tardiness, unexcused .... **la tardanza sin excusa**
tardy bell .... **la campana de comienzo de clases**
tartar .... **el tártaro; el cálculo**
teach, to .... **enseñar**
teacher .... **el (la) maestro(a)**
teacher appreciation week .... **la semana de estimación al maestro**
teacher, homeroom .... **el (la) maestro(a) del salón principal**
teacher of a "pull out" class .... **el (la) maestro(a) auxiliar**
team .... **el equipo**

team captain .... **el capitán del equipo**
team sports .... **los deportes de equipos**
tear paper, to .... **romper el papel**
tear, to .... **romper**
tearful .... **lloroso(a); lacrimoso(a)**
tears .... **las lágrimas**
technology .... **la tecnología**
teeter-totter .... **el sube y baja**
teeth .... **los dientes**
teeth, decayed .... **los dientes picados**
teeth, false .... **la dentadura postiza**
teething .... **la dentición; la formación de los dientes**
telephone, emergency number .... **el número de teléfono para emergencias**
telephone (home, work) .... **el teléfono (del empleo, de la casa)**
tell (relate), to .... **contar**
tell (say), to .... **decir**
temper, to lose one's .... **perder la paciencia**
temperament .... **la disposición; el temperamento**
temperamental .... **temperamental**
temperature .... **la temperatura; la calentura; la fiebre**
ten thousands .... **decenas de millar**
tender .... **dolorido(a)**
tennis .... **el tenis**
tens .... **las decenas**
tense .... **tenso(a)**
tension .... **la tensión; el ansia**
test, standardized .... **el examen estandarizado**
test .... **el examen; la prueba**
test results .... **los resultados de los exámenes; las calificaciones de los examines**
tetanus .... **el tétano**
tetrahedron .... **el tetraedro**
text .... **el texto**
textbook .... **el libro de texto**
theme .... **el tema**
theorem .... **el teorema**
thermos .... **el termos**
thermostat .... **el termostato**
thin .... **delgado(a); flaco(a)**
think, to .... **pensar**

thinking, creative .... **el (los) pensamiento(s) creativo(s)**
thinking, critical .... **el (los) pensamiento(s) crítico(s)**
third grader .... **alumno(a) del tercer año (grado)**
thirds .... **los tercios**
thirsty .... **sediento(a)**
thorn wound .... **la herida de espina**
thousand .... **mil**
threaten, to .... **amenazar**
throat infection .... **la infección de la garganta**
throb .... **el latido; el pulso**
throw objects, to .... **tirar objetos; arrojar objetos**
throw, to .... **tirar; arrojar**
throwing rocks .... **el tirar piedras; tirando piedras**
thumb sucker .... **que se chupa el dedo**
thyroid trouble .... **los problemas con la glándula tiroides**
tic .... **el tic nervioso**
ticket .... **el boleto; el tique; el billete;**
tickets, single ride .... **los libritos de pasajes individuales**
tie, to .... **amarrar; atar**
time, scheduled .... **la hora fijada; la hora establecida**
times (x) .... **multiplicado por**
tingling sensation .... **el hormigueo**
tired .... **cansado(a)**
tiredness .... **el cansancio; la fatiga**
title (position) .... **el título; la posición**
tobacco .... **el tabaco**
tobacco (smokeless, chew packets of) .... **el tabaco (sin humo, paquetitas de mascar)**
tobacco, use of .... **el uso de tabaco**
toilet .... **el retrete; el excusado**
toilet paper .... **el papel higiénico**
tongue .... **la lengua**
tonsillitis .... **la tonsilitis**
tooth .... **el diente**
tooth, baby .... **el diente de leche**
tooth powder .... **el polvo dental**
tooth, sweet .... **el gusto por las dulces**
tooth, wisdom .... **la muela cordal**
toothache .... **el dolor de diente (de muelas)**
toothbrush .... **el cepillo de dientes**
toothpaste .... **la crema dental; el dentrífico**

toothpick .... **el palillo de dientes; el mondadientes**
touch, to .... **tocar**
touchy (irritable) .... **susceptible; delicado(a)**
tournament .... **el torneo**
trace (outline) .... **trazar; delinear**
track (school schedule) .... **el horario del año completo**
track and field .... **campo y pista**
train, to .... **entrenar**
trainable mentally retarded .... **retardado(a) mental entrenable**
training .... **el entrenamiento**
training rules .... **las reglas del entrenamiento**
transfer, to .... **transferir**
translate, to .... **traducir**
transfer .... **el traslado; el cambio**
translation .... **la traducción**
translator .... **el (la) traductor(a)**
transom .... **el travesaño; el dintel**
transportation, denial of .... **la denegación del permiso de transporte**
transportation office .... **el departamento de transporte**
transportation, pupil .... **el transporte de estudiantes**
transportation, school district .... **el transporte escolar**
trapezoid .... **el trapecio; el trapezoide**
trash can .... **el bote para la basura; el basurero; la basura**
trauma .... **el trauma**
traumatic .... **traumático(a)**
tray .... **la bandeja; la charola**
treatment, medical .... **el tratamiento médico**
treatment, prompt .... **el tratamiento inmediato**
triangle .... **el triángulo**
triangular .... **triangular**
trimester .... **el trimestre**
trimester, first .... **el primer trimestre**
trimester, second .... **el segundo trimestre**
trimester, third .... **el tercer trimestre**
trip home, safe .... **el viaje seguro a casa**
trophy .... **el trofeo**
truant .... **ausente sin permiso**
try, to .... **tratar**
tuberculosis .... **la tuberculosis**
tuition, school .... **la matrícula académica**
tumor .... **el tumor**

turn around, to .... **dar la vuelta**
tutor .... **el (la) maestro(a) particular**
tutoring .... **las clases particulares; la ayuda individual**
tutoring, peer .... **la ayuda individual entre iguales**
tutoring, use of.................................. **el uso de tutores**
two thirds .... **dos tercios**
typhoid fever...................................... **la tifoidea; la fiebre tifoidea**
typhus .... **el tifus**

U

ulcer .... **la úlcera**
umpire .... **el árbitro**
uncared for .... **desatendido(a); descuidado(a)**
uncle .... **el tío**
unconscious .... **inconsciente; sin sentido; desmayado(a)**
under the influence .... **bajo la influencia**
underline... **subrayar**
undernourished .... **desnutrido(a)**
underprivileged .... **desvalido(a); desamparado(a)**
unfit .... **incapaz; incompetente**
unhealthy .... **enfermizo(a)**
union .... **la unión**
unit.. **la unidad**
university .... **la universidad**
unjustifiable .... **injustificable**
unruly .... **ingobernable; indómito(a)**
unsafe actions..................................... **los actos que ponen la seguridad en peligro**
unsanitary .... **insalubre; antihigiénico(a)**
unsatisfactory .... **poco satisfactorio(a); insatisfactorio(a)**
up, to keep up with .... **mantenerse al nivel de . . . ; no atrasarse**
urinal .... **el urinario; el orinal**
urination, burning .... **ardor al orinar**
urination, painful.............................. **dolor al orinar**
use of tobacco (alcohol, narcotics) ... **el uso del tabaco (alcohol, de los narcóticos)**
use, to .... **usar; utilizar**
using bad language .... **el uso de lenguaje grosero**
utilize, to .... **utilizar**

V

vacation days .... **las días de vacaciones**
value .... **el valor**
vandalism .... **el vandalismo**
VCR .... **el sistema de video; la grabadora de video**
venereal disease .... **la enfermedad venérea**
verb .... **el verbo**
verbal expression .... **la expresión verbal**
verification .... **la verificación**
verification of residence .... **la verificación de residencia**
verification of vaccinations .... **el certificado de vacunas**
verify, to .... **verificar**
vertex .... **el vértice**
vertical .... **vertical**
vertigo .... **el vértigo**
vice principal .... **el (la) vice director(a)**
vice principal's office .... **la oficina del (de la) vice director(a)**
victim .... **la víctima**
victory .... **la victoria**
videocassette player .... **el proyector de cintas en video**
videocassette recorder .... **el sistema de video**
video(s) .... **el (los) video(s)**
violate sexually, to .... **violar sexualmente**
violate, to .... **violar**
violation (minor, major) .... **la infracción (poco grave, muy grave)**
violation of safety rules .... **la violación de las reglas de seguridad**
violation of school policy .... **la infracción de las reglas escolares**
violation, to be in .... **estar en violación**
violence .... **la violencia**
violent .... **violento(a)**
virus .... **el virus**
visa .... **la visa**
vision (poor) .... **la mala visión**
visual .... **visual**
vocabulary .... **el vocabulario**
vocational (trade) school .... **la escuela vocacional; la escuela de artes y oficios; la escuela de capacitación profesional**

vocational education .... **educación vocacional; la capacitación profesional**
volleyball .... **el vólibol**
volume .... **el volumen**
volunteer .... **el (la) voluntario(a)**
volunteer coordinator .... **el (la) coordinador(a) de voluntarios**
vomit .... **el vómito**
vomiting .... **vomitando**
vowel .... **la vocal**
vulgar behavior .... **el comportamiento vulgar; el comportamiento soez**
vulgarity .... **las groserías**

W

wagon .... **el vagón; el carrito**
wait, to .... **esperar**
waiver of health check-up .... **la exclusión de tomar el reconocimiento**
walk, to .... **caminar; andar**
walk-a-thon .... **el maratón de la caminata**
walking distances .... **las distancias normales de ir a pie**
wall .... **la pared**
want, to .... **querer**
ward (child) .... **el (la) niño(a) bajo la tutela de un tribunal**
warning (verbal, written) .... **la advertencia (de palabra, escrita)**
wart .... **la verruga**
wash oneself, to .... **lavarse**
wash, to .... **lavar**
wastebasket .... **el cesto de la basura**
watch out, to .... **tener cuidado; tener precaución**
water .... **el agua**
water polo .... **el waterpolo**
weak .... **débil**
weakness(es) .... **la(s) debilidad(es)**
weapons .... **las armas**
weapons, toy .... **las armas de juguete**
weariness .... **el cansancio; la fatiga**
weary .... **cansado(a)**
weight .... **el peso**
weight lifting .... **el levantamiento de pesas**
weight, over .... **el exceso de peso; la obesidad**

weight, under .... **pesar menos de lo normal; estar muy delgado**
weights .... **las pesas**
well .... **bien de salud; sano(a)**
wellness .... **el bienestar físico**
welt(s) .... **el verdugón; los verdugones; la(s) roncha(s)**
wheeze .... **el resuello ruidoso; la respiración silbante**
whiplash .... **la concusión de la espina cervical**
whistle .... **el pito; el silbato**
whole number .... **el número entero**
whooping cough .... **la tos ferina**
width (breadth) .... **la anchura**
wife .... **la señora; la esposa; la mujer**
win, to .... **ganar**
window .... **la ventana**
winning .... **ganando**
wisdom tooth (teeth) .... **la muela cordal; la(s) muela(s) del juicio**
withdrawal symptoms .... **el síndrome de la abstinencia**
withdrawn .... **reservado(a); introvertido(a)**
word .... **la palabra**
work, to .... **trabajar**
work habits, poor .... **los malos hábitos de trabajo**
workbook .... **el libro de ejercicios; el libro de actividades; el libro de tarea**
worksheets .... **las hojas de trabajo**
world history .... **la historia del mundo**
worms .... **las lombrices intestinales**
worried .... **preocupado(a)**
wound .... **la herida**
wounded .... **herido(a)**
wrestling .... **la lucha libre**
write, to .... **escribir**
written .... **escrito(a)**
written language .... **el lenguaje escrito**

Y

yard .... **la yarda**
yarn .... **la lana**
year-round school .... **las clases de año continuo**
yearbook .... **el anuario**

Z

zip code .... **el código postal; la zona postal**
zoology .... **la zoología**

Please call 1-800-633-5544
for
product information
a catalog
information regarding discounts
We look forward to serving you.
Ammie Enterprises
P.O. Box 2132
Vista, CA 92085-2132